이기철

정오의 순례

애지시선 010
정오의 순례

2006년 8월 23일 초판 1쇄 발행

지은이 이기철
펴낸이 윤영진
기획편집 함순례
디자인 이경훈 전희주
펴낸곳 도서출판 애지
등록 제 2005-5호
주소 300 -170 대전광역시 동구 삼성동 125-2 4층
전화 042 637 9942
팩스 042 635 9941
홈페이지 www.ejiweb.com
전자우편 ejiweb@hanmail.net

ISBN 89-92219-04-0 03810

애지시선 010

정오의 순례

이기철 시집

□ 시인의 말

시는 내 사유思惟의 그릇이다

차례

시인의 말 005

1, 태양이 말한 것 011
2, 영혼의 거처 012
3, 시집은 언어의 감옥 015
4, 해의 노래 018
5, 정오의 순례 021
6. 인간 조응照應 023
7, 인간은 행복할 권리가 있다 026
8, 인간은 천사보다 비천하지 않다 030
9, 목숨에 대한 경배 033
10, 오늘이라는 명사 036
11, 시는 삶의 양식 039
12, 말에의 속죄 041
13, 추상의 이름 042
14, 육체는 말한다 044
15, 인간은 위대하다 047
16, 신과 인간 050
17, 노래에 대하여 052
18, 희망에 대한 아유阿諛 053

19, 위험한 독서 055
20, 나는 읽는다 057
21, 몸의 향연 058
22, 미지가 나를 이끈다 060
23, 생각에 대한 의문 063
24, 순수의 거처 065
25, 지상의 인간 068
26, 이름들 070
27, 예지들 072
28, 영원에 대하여 074
29, 삶의 양식 077
30, 인간의 조건 079
31, 공작工作 인간 082
32, 불행을 가르치는 학교는 없다 085
33, 죽음은 두려움이 아니다 087
34, 순금의 언어 090
35, 예언자는 없다 092
36, 인간의 시간 095
37, 이념이라는 추상 098
38, 주의主義에 대하여 104
39, 예술가들 105
40, 진리에 대한 물음 108
41, 순례의 끝 109
42, 생生 110

43, 목숨들 111
44, 연서 112

발문 | 반경환 113

정오의 순례

1, 태양이 말한 것

해를 맞히려고 쏘아올린 화살
고래를 찌르려고 던진 창
깊이 모를 지층으로 내려 보낸 두레박
천공을 쪼개려고 날아간 칼날

내 사색의 바구니가 무인도에 닿는 동안
흉금 속에 펄럭이는 말의 폭풍
채광의 의지로 번쩍이는 언어의 곡괭이
불모지를 경작하는 만 고랑의 삽날
무한을 꿈꾸는 영혼의 아침 식사

그리하여 내 시는
내 사유의 자동기술
태양의 전언을 받아쓰는 속기록

2, 영혼의 거처

내 영혼의 거처는
난타하는 바다
봉지 터지는 붉은 꽃잎사귀
열사熱砂의 사막, 신기루를 끌고 오는 햇빛
불타는 태양의 사랑채

맨 처음 손가락이 닿는 건반
그 손이 최초로 그린 그림
이기고 돌아온 병사의 깃발
시인이 토해낸 첫 마디 문장

영혼이여
정으로 찍어도 갈라지지 않은 바위의 언어로 말하라
익은 이삭을 안고 와 들판에게 나누어주는 여름의 입으로 말하라
저기 산봉우리를 휘어 넘는 태풍의 난타
태양 아래 벗은 육체가 더 당당한

거목의 육성으로 말하라

그때 나는 시를 쓰지 않고 시를 산(生)다
그때 나는 노래를 듣지 않고 노래를 밴다
공중에 분사하는 거미알처럼
잉태한 지 십 년이어도 낳지 못한 내 시의 언어를
끓는 태양의 자궁으로 낳게 하라
비로소 천 년 잠든 수정의 언어를 잠깨워라

어느 햇빛이 밀 이삭을 익히느냐
어느 광맥이 순금을 보듬느냐
비둘기가 물어다 놓은 하늘의 악보를 보며
노래하는 시인이여
나는 비로소 출정의 환호를 듣는다

표적을 향해 달리는 사자는 뒤돌아보지 않는다
내 영혼의 거처에는

희망들이 잡수시는 식사소리 들린다
벽돌에 피 도는 소리 들린다

내 영혼은 비로소 안도한다

3, 시집은 언어의 감옥

시집 속의 언어를 해방하라
모든 언어를 시집 밖으로 탈출하게 하라
시집은 언어의 감옥
사각의 책장에 갇힌 언어는 신음한다

규격의 언어, 정조식正條植으로 심은 말의 나무
모든 말이 금언이기를 요구하는 너의 명령은 횡포다
나무는 나무 시냇물은 시냇물 달은 달 하늘은 하늘
너는 언어의 연금술사가 아니라 언어의 제독
너는 언어의 연인이 아니라 언어의 폭군
그 무자비를 나는 고발한다

그리하여 나는 노래한다
나의 바깥에 있는 사물들, 그 영혼과 육체를
아침에 먹은 채소와 점심 때 마신 물과
너무 많이 끌어안은 바람을
깨달은 자와 못 깨달은 자를

성자와 속인을
또한 나는 노래한다
지자智者와 백치를
부서진 만년필과 떨어진 머리핀과
깨어진 안경과 쓰다 버린 면도기를

아름다운 언어는 스스로 행복하겠지만
추하고 더러운 언어는 얼마나 불행한가
별 달 꽃 나비 무지개 시냇물이라는 말은 행복하겠지만
똥 구더기 버짐 지렁이
구정물 지린내 문둥이 고름이라는 말은 얼마나 불행한가
이제 시의 언어는 흉중의 언어가 아닌 자연의 언어
시공을 초월한 언어가 되어야 한다
공중에서 종달새가 무슨 말을 하는지를 말해야 하고
하늘에서 제비가 무슨 노래를 하는지를 전해야 한다
아침놀과 소나무와 볏짚의 언어

말매미와 장수하늘소와 풍뎅이의 언어를
오래 전 이 세상을 살다간 사람의 언어와
먼 후일 이 마을에 태어날 사람의 언어를

4, 해의 노래

밴다 익는다 넘친다
낳는다 큰다 자란다
일렁인다 뿜는다 솟구친다
내 시에는 생성의 말 외엔 쓰지 않는다

사막에도 풀이 돋고 바위에도 소나무가 뿌리를 내린다
지금은 태양의 시간
뛰고 달리고 치솟고 분출하는
지금은 충일하는 생명의 시간

나는 우파니샤드를 불태워버렸다
지금은 누대에 앉아 명상할 시간이 아니다
인생이란 무엇이냐고 자문自問할 시간이 아니다
저 가난뱅이들 배고픈 자들 병든 자들을 이끌고
태양이 비치는 대지로 나가야할 시간
저 문맹들 아편장이들 상심자傷心者들 금치산자들을 부둥켜안고

풍윤한 대지로 나가야할 시간

정오는 목숨의 시간이다
모든 어둠을 걷어내고 태양은 불타오른다
백상아리가 마시고도 남은 바다
사자 발톱에 할퀴고도 굳건한 대지
쓰나미가 지나가고도 영위되는 인간의 삶

내 몸은 지상에 있고 영혼은 우주를 유영한다
정오의 현란한 빛이 내 사색의 양식이 될 때
나의 순례는 천의 사닥다리를 놓아 천상과 지상을 잇는 교량이 된다
일광의 폭포가 지상으로 쏟아질 때
나의 순례는 영원과 순간을 보석처럼 만진다

정오는 산 것들의 대신 이름
인간의 삶의 대명사

무엇이 너의 광휘와 염열을 대신할 수 있는가
그렇다, 태양이다
태양만이 정오를 있게 한다
인간의 기쁨과 슬픔을 엮어
마침내 삶의 비단을 직조하는 정오
정오만이 목숨들을 있게 한다

살아 있는 것보다 더 아름다운 양식은 지상에 없다

5, 정오의 순례

정오는 아직 갈 길이 많이 남은 여행
출렁이는 파도, 흐르는 물, 부는 바람
정오가 아니면 아무도 꽃을 들판에, 첨탑을 도시에, 애드벌룬을 고공에, 은익銀翼을
하늘에 날릴 수 없다
밤이 매장해 버린 청자만홍들, 밤에 묻혀버린 새와 순한 짐승들
밤이 묻어버린 지상의 섬세들, 인간의 묘각妙刻들, 거리와 간판들, 빛나는 상품들
어둠이 삼켜버린 지상의 사물들을 제 자리에 정연히 들어서게 하는
정오의 정중하고 우아한 힘

정오를 기릴 수 있는 것은 인간의 예지
인간은 새와 짐승과 꽃과 함께 정오를 맞이한다
가장 명징한 정신으로 이 지상을 거닌다면 아직 아무도 보지 못한

현묘玄妙를 볼 수 있을까
가장 투명한 마음으로 만상을 투시한다면
더 깊은 사유, 더 웅대한 자연을 만날 수 있을까
사색의 눈으로 바라보면 곤충도 발견하지 못한 미시微視의 세계를 볼 수 있을까
증류수 같은 명징한 정신을 기를 수 있을까

정오의 순례자여
그대는 아침의 신선한 얼굴, 오전의 무구로 우리를 유혹한다
그리하여 우리는 정오의 예찬자
크고 밝고 투명한 정오의 숭배자로 지상에 남아 노래한다
이 땅의 경작자인 우리는

6, 인간 조응照應

사색하라
그대의 권능은 사색하는 일밖에 없다
그대의 육체는 나약해 소와 말을 이길 수 없고 그대는 소심해 고래나
사자를 능가할 수 없다
그대의 지략은 너구리나 살쾡이를 따르지 못하고
그대의 은폐술은 다람쥐와 도마뱀을 따르지 못한다
그러나 그대는 햇빛을 찬양하고 무지개를 노래하는
심금의 주인
그대는 인간의 숲에서 잠 깨고 인간의 밀림 속에서 잠 든다

나는 신에게 기도하는 시간이 있다면 차라리 인간에게 기도하겠다
작으면서도 큰 저 삶의 편린들
그것은 우리가 경멸하는 욕망에서 나온다
욕망은 삶의 원동력, 욕망은 인간을 키우고

인간을 내일로 가게 한다

영혼은 높고 육체는 낮은 데 있다고 말하지 말라
육체는 영혼의 어버이, 몸은 정신의 음식 창고
신들은 인간의 마음을 먹고 인간이 쌓은 제단에 기거한다
인간이 풀과 고기를 먹고 삶을 영위하는 대신 신은 인간의 마음을 먹고
인간보다 높은 데 기거한다
신은 인간에 기생하는 존재
인간이 사라지면 신도 함께 사라진다

나는 신보다 인간이 우월하다고 말하는 것이 아니다
나는 인간이 만물 가운데 있어야 하고 만물의 주인이어야 한다는 것을
말하는 것이다
사슴 노루 늑대 코끼리

나비 벌 비단벌레 고추잠자리
인간은 그들과 함께하며 그들을 보호한다
틀림없이 인간은 만물 가운데서 가장 존귀하다
그러기에 인간은 만물의 영장이다

7, 인간은 행복할 권리가 있다

인간은 신이 점지해 준 행복이 아니라도
스스로 행복해질 힘이 있다
이성과 사유의 힘이다
그것이 인간의 권리라고 말하는 나의 이단을 용납하라

시간은 산 것들에게 아름다움을 주고 머지않아 그 아름다움을 빼앗아간다
그것을 아는 나무들은 일찍 꽃 피워 열매 맺고
곧 잎을 땅으로 보낸다
몸이 깨끗한 나무들은 서둘러 붉은 꽃을 피우고 곧 딱딱한 열매로 돌아가지만
인간은 순환의 계절을 두려워하지 않고
그것을 노래하고 그것을 시 쓴다
구두는 낡고 옷은 헐렁해지고 탄탄하던 다리 게 다리처럼 흐느적여도
인간은 서두르지 않고 세월을 껴안는다

그러나 아들을 낳지 않는다면, 딸을 낳지 않는다면
아내와 애인을 갖지 않는다면
그대는 무엇으로 행복해지느냐
아름다운 새도 노래하는 벌레도
힘 센 사자도 키 큰 기린도 인간의 후계자는 될 수 없다

나무가 죽고 짐승들 대지에서 사라져도
인간은 멸망하지 않는다
청년이여, 세월이 그대를 노년으로 데리고 간다고 두려워하지 말라
노년만큼 저물어 아름다운 것도 없으니
세월의 치차소리를 들을 수 있는 것은 노년뿐
그때는 비가에 글썽이지 않고 찬가에 가슴 뛰지 않는다
그때는 모든 평정이 그 가슴 속에 있으니

거역하지 말라, 이성과의 사랑을
우리가 때로 벌꿀에 비유하는 달디 단 혼인을

어떻게 하면 너의 가슴 속에 집을 지을까 생각하는 둥지의 마음을

사람은 언제 별똥별이 머리 위에 떨어질지를 알지 못한다
언제 가뭄과 기근이 올지를 알지 못한다
그러기에 사람은 백 년 전에 다리를 놓고 십 년 전에 집을 짓는다
학교를 세우고 사원을 증축한다
이 성스러운 예견은 인간만의 것이다

그대가 왕자가 아니어서 불행하다면
일하면서 꿀을 얻는 일벌을 보아라
그대가 도시의 한복판, 책이 빽빽한 서재, 깊은 연구실에만 있다면
가끔 창문을 열고 노동하며 노래하는 사람을 보아라
시를 쓰고 음악을 만들면서 스스로를 가꾸는 인간을 생각하라

이 활자가 변색되고 이 책장이 부스러져 먼지가 되어도
이 시심과 이 노래의 마음은 영영 사라지지 않을 것이다

그러기에 인간은 스스로 행복해질 힘이 있다
스스로 행복할 권리가 있다
남이 쓴 시에 내가 홀딱 반할 때
남이 만든 음악에 내가 달빛처럼 도취할 때
인간이 대지를 가꿀 때
인간이 우주를 경영할 때
아, 내 이웃들이 고통의 심지에 아름다움을 갈아 꽂을 때

8, 인간은 천사보다 비천하지 않다

웃음이 없는 박물관의 석고상은 나를 슬프게 한다
실천이성비판을 쓸 때 칸트에게 웃음이 있었을까
차라투스트라를 쓸 때 니체는 웃었을까
인간은 태어났다는 이유만으로도 인간으로서의 권리를 요구할 수 있다
인간은 천사보다 비천한 것이 아니다
어떻게 인간이 백자처럼 정결해질 수 있는가
비극은 삶의 밭을 경작하는 쟁기질
비극이 없는 인간의 삶을 나는 생각해 본 적이 없다
물은 휘어지면서 흘러가고 구름은 흩어졌다 다시 모인다

요컨대 행간만큼 자유로운 공간은 없다
행간에서 만난 무수한 인간들
위인들 영웅들 간부姦婦들 악당들
무엇을 생각하고 누구를 생각하든 그것은 그의 자유다
페니키아의 흥망과 사산 왕조의 제의祭儀에 대해 상상하고

가락인의 피리와 신라인의 점복을 생각하는 것도 그의 자유다
어느 기록에도 시를 모독하고 그림을 외면했다는 이유로 처벌받은 예는 없다
누구의 눈에도 뜨이지 않은 나무가 있듯이
누구의 눈에도 읽히지 않은 시가 존재한다
못과 나사처럼 새의 날개처럼 고기비늘처럼 조개구름처럼
구부리고 휘인 글자들, 그림들

인간은 위 속에 스무 가지 음식을 넣고도 글을 쓰고
몸속에 정액을 지니고도 정물화를 그린다
인간이 창조한 것만을 나는 사랑한다
그러기에 때로 인간의 실수도 아름답고
악을 만난 사람의 기록도 삶의 경종이 된다
관자, 상앙, 한비, 귀신을 만나러 간 김시습
포, 보들레르, 랭보, 푸코

그들이 진정한 용기의 소유자들인지도 모른다
금은 좋은 물에서 나고 옥은 높고 험한 언덕에서 난다*
불 곁에 물이 있고 태양 아래 얼음이 있다
인간은 불의 가슴으로 얼음을 생각한다
얼음은 인간의 길을 인도하는 가장 큰 스승이다

*금생여수 옥출곤강(金生麗水 玉出崑岡)

9, 목숨에 대한 경배

오늘은 나와 함께 걸어가는 모든 목숨에게
경건한 목례를 드리자
초록에 내린 이슬에 세수하고
첫 새벽 불어오는 바람에 머리를 감으며
햇빛 외엔 아무도 밟은 적 없는 숲을 지나

꽃은 들판의 한 가운데서 피고
새는 하늘의 문을 두드리며 노래한다
우리가 작은 꽃삽으로 채송화를 심는 것은
거기가 우리의 발 디딘 땅이기 때문이다
우리의 발 디딘 땅이 지구의 중심이 되기를 바라기 때문이다
거기에 우리는 삶을 꽂고
삶이 지나간 칸칸마다 사색의 금박을 입힌다

아침이 하늘의 빗장을 열고
뜨거운 빛을 땅으로 끌고 올 때

땅 위에 서식하는 모든 것
꽃 피고 열매 맺는 모든 것을 나는 노래한다
내가 걸었던 이 길과 저 들판에서
태어나고 자라고 잉태하는 것을 나는 노래한다

언젠가는 저 버드나무가 사람과 함께 걸어가리라
스무 층 아파트, 마중 나온 빌딩
그 계단들이 광목 필이 되어
우리의 발 아래 비단길을 펴리라
움직이는 시청, 노래하는 공장
손뼉 치는 벼, 휘파람 부는 도랑물을 나는 노래한다
황금 깃이 자라는 새, 봉지 터지는 나뭇잎
말하는 돌, 알 품은 뜸부기, 물 위에 선 두루미
사막을 달리는 사자, 혼자 가는 무소
손짓하는 선인장, 회귀하는 연어
부리로 삭정이를 물고 오는 집 짓는 까치를
나는 노래한다

언젠가는 인간이 개미의 왕국에 조공을 바치러 가는 날이 올 것이다
언젠가는 인간이 일벌의 제국에 사신을 보낼 날이 올 것이다
저 목숨을 위해 비상하는 벌들, 황조롱이들, 되새떼들
다수가 지배하는 땅 위의 날들

인간이여, 낙태하지 말라
바다 밑에 일용할 양식이 있고
하늘 위에 거주할 집이 있으니,
한 순간도 일을 멈추지 않은
1경 마리의 개미떼들, 벌떼들
낳고 자라고 번식하는 목숨들
저것들이 인간의 스승이다
경건하게 저 삶의 소리를 들어라
이 끓고 번쩍거리는 태양 아래서

10, 오늘이라는 명사

생각하면 우리는 천 년 전에 살았던 사람들이 먹었던 음식을 먹고
천 년 전에 살았던 사람들이 입었던 옷을 입고 있다
푸나무를 꺾어 집 짓던 사람들이 마천루를 세웠다고 그대는
인간이 옛보다 현명해졌다고 하는가
천축을 도보 고행하던 사람들이 자동차와 비행기를 만들었다고,
뗏목을 타던 사람들이 호화 유람선을 탄다고 그대는
인간이 옛보다 현명해졌다고 하는가
우리의 몸은 풀과 물, 쌀과 물고기로부터 온 것이다

노자 장자 그들은 누구인가
공자 예수 그들 또한 누구인가
세계의 주인은 인간, 인간의 중심은 나다
먼지처럼 작으면서도 태산처럼 큰 것을 지닌 것이 나다
생각은 세상 밖을 내다보고

몸은 세상 안에 존재하는
우리, 그대, 너, 나는 한 우주다

진실로 현묘하고 묘막渺漠함이 있다면 그것은
우리가 살고 있는 오늘, 이 오전, 이 열한 시, 이 십 분, 이 팔 초의 시각이다
어찌하여 그들은 이 시각에 부재하고 어찌하여 나는 이 시각에 존재하는가
존재하며 저 하늘빛이 푸름을, 바람이 동쪽에서 불어옴을, 내려갈수록 몸이
불어나는 물을 생각하는가

그대는 세상의 누추함을 질타하는가
죄가 있기에 선행이 있고 벌이 있기에 상찬賞讚이 있다
인간이 사는 골목과 처마 아래를 그대는 미시의 눈으로 바라보라
추녀 밑에 풀꽃이 돋고 처마 아래 아기가 태어난다

하늘이 있어 새가 날고 인간이 있어 삶이 피어난다
그대는 인간
인간이기에 세상을 꽃 피운다

11, 시는 삶의 양식

인간은 생각의 순금을 얻기 위해 생애를 바친다
집중하고 천착하라
얻은 것 아무 것도 없다 할지라도
생각하는 시간은 귀중하다
모래 위를 맨발로 걸어간 사람
소금바다를 헤매다 죽은 어부
볍씨 뿌리고 논 위를 스치는 구름 그림자를 바라보던 농부
그 모든 인간은 아름답고 현명하다

누가 네 살의 강물에 다시 발을 담글 수 있는가
그 가슴이 종달새와 함께 노래하고
그 마음이 들판의 송아지와 함께 거리의 악사가 되는,
누가 다섯 살의 햇살 속을 날아갈 수 있는가
노랑나비와 줄파랑새의 친구가 되어
동풍 속을 끝없이 달려가는,

인간의 마지막 희망은 아이로 돌아가는 것이다
어두운 흙에서 방향芳香으로 피어나는 풀꽃
그것이 인간의 희망이고 염원이다
나는 이 염원을 빌어 시를 쓴다
시는 내 삶의 양식이다

12, 말에의 속죄

아, 나는 너무 탕진해버렸다, 말을
어느 날 내 써버린 말들이 나에게 복수하러 올 것이다

13, 추상의 이름

사물은 태어나자마자 말 속에 갇힌다
말이 이름하지 않으면 사물은 없다
무수한 존재와 부재 사이
말이 있다
말의 두려움이여

그것이 부르는 이름으로 별이 있고
나무가 있고 꽃이 있다
누가 저 꽃을 찔레꽃이라 불렀나
누가 저 우뚝한 것을 집이라 했고 반짝이는 것을 창문이라 했나
누가 나는 것을 새라 하고 흐르는 것을 시내라 했나
말의 이름 앞에서 그것은 제게 알맞은 모양을 짓는다

그러나 추상이여, 나는 너를 어떻게 불러야 하나
보이지 않는 그것, 만져지지 않는 그것, 들리지 않는 그것을

나는 무슨 이름으로 불러야 하나
사랑, 미움, 그리움, 환희, 비애, 노여움들
내 속에 어둠으로 쌓여있는 것들
미지, 의혹, 꿈, 회한 그리고 욕망들,
말이 닿을 때 그것들은 전율하며 어둠 속에서 깨어난다
그것은 깨어나 살矢이 되고 밥이 되고 책이 된다
땅 속에서 움이 돋듯 하나의 세계가 탄생한다
말은 인간의 것이다
인간은 말을 조종하고
말에 갇힌다
말은 두렵다

14, 육체는 말한다

이성理性이여

너의 명징과 예리함은 귀하나

너의 차가움으론 세상을 껴안을 수 없다

너의 밝음은 귀중하나

한 사람의 가슴 속에 사랑을 심을 수 없다

너의 형형炯炯으론 저 무한의 가능성, 저 순수의 덩어리,

새 세계의 주인인 아이를 낳을 수 없다

인간은 하루의 사반四半만이 이성으로 살고

나머지 시간은 감정으로 산다

아무도 휘파람새의 노래를 이성으로 듣지 않고

풀벌레 노래를 이지理智에 담지 않는다

누구도 내일을 만난 사람 없지만

아무도 내일의 있음을 부인할 수 없듯이

우리가 토론하고 추구하고 행간을 헤매는 이성적 시간 뒤에도

수저질하고 술잔을 들고 노래하고 사랑하는 감정의 시

간이 기다린다

인간은 기원전 십 세기에도 일리어드를 썼고 기원 전 오 세기에도
시경을 엮었다
신라인들도 시를 썼고 페르샤인들도 루바이를 썼다
노래와 시들, 그것은 이성의 건반인 감정의 산물
사원과 교회에서 진실을 잃은 사람도
시장과 주점에서 진실을 발견한다

인간이여, 어느 불가시의 존재에게도 용서를 구해서는 안 된다
인간은 그 스스로가 거룩하다
때로 인간은 라마단과 절식으로 육체와 싸운다
그러나 드디어는 익힌 고기와 푸성귀와
쌀과 빵으로 돌아온다

육체는 말한다
육신이 정신보다 저속한 것이 아니라고
이성은 귀하지만
감정이 이성보다 통속한 것은 아니라고
모든 명징도 어둠 뒤에 온다고
모든 청정도 흙탕물을 씻은 뒤에 온다고
부토 위에 향기로운 꽃이 피듯
육체의 희원은
어둠 위에 밝음을 꽂고
묘망 위에 형형을 세우는 일이라고

15, 인간은 위대하다

볍씨를 갈무리해서 천 사람의 양식을 구한 농부는
로켓포탄 발명가보다 위대하다
한 평 땅 밀알 뿌려 천 사람의 겨울 양식을 마련한 농부는
수소폭탄 제조자보다 위대하다
녹두알과 콩씨를 땅의 살에 묻을 줄 아는 일보다
더 큰 지혜는 없다
그러기에 인간은 지상에서 가장 아름답고 위대하다

짚신 신고 베옷 걸치고 이 땅을 건너간 사람들
그들이 내 곁에 존재하지 않는다고 그들은 없는 것인가
인간의 최상의 권능은 어제를 간직할 수 있다는 것
인간은 위대한 어제, 위대한 선지자를 기억할
기억의 용량을 갖고 있다
어느 책 한 줄에도 기록되지 않은 사람
어느 비문에도 이름이 새겨지지 않은 사람
그러나 그들의 더운 손, 그들의 지혜가 있기에
지상의 삶은 영위된다

누가 인간을 악의 뿌리라 하는가
인간이 아니면 공룡 늑대가 지구를 지배했을 것이다
그들이 지배한 지구는 울음과 피와 약육강식의 벌판이었을 것이다
인간이 지구를 경영했기에 지구에는 꽃이 피고
짐승은 숲 속에서 종족을 보존하고 물고기는 강물을 희롱하고
사람은 사랑과 예술을 꽃피웠다
그들은 생명의 질서를 가꾸고
겸양으로 도덕을 일으켰다

죽음은 삶의 다른 이름
사라짐 뒤에 다시 태어나는 생명의 아름다움
오, 사라진 것들의 영원함이여
소멸은 생성의 어머니다

저 탁자는 본래 상수리나무였다
저 장롱은 본래 오동나무였다
이 책상은 닥나무, 이 연필심, 이 금강석도 본래 흙이었다
인간은 본래 무엇이었을까, 나무, 흙, 불의 전부
바람 햇빛 물의 전부
그러기에 인간은 가장 현묘한 것
몸의 물, 정신의 불이 어찌 영롱하지 않은가
삶의 불꽃이 어찌 신비하지 않은가
나는 나의 모든 말을 바쳐 인간을 노래한다

16, 신과 인간

신도 밥을 먹는가
신도 잠을 자는가
신도 사랑을 하는가
신도 번뇌가 있는가
신도 병을 앓고 병에서 깨어나는가

인간은 신이 쓰지 않는 글을 쓰고
신이 하지 않는 사유에 침잠한다
신이 가르치지 않아도 인간은 신발을 깁고
옷을 만들고 밥을 짓는다
자동차를 만들고 기차여행을 하고
신이 명하지 않아도 집을 짓고 침대를 만든다
신보다 열렬히 사랑을 하고 더러는 이별을 하고
신이 흘려보지 않은 눈물도 흘린다
신이 고치지 못하는 병을 고치고
신이 기록해 놓지 않은 역사를 기록한다

인간이 옷섶에 깃을 만들고 단추를 달고
이불깃을 채색하고 자수刺繡를 놓는 것은
신을 닮아서가 아니라 신을 능가하는
지혜의 발현이다
따뜻한 숨결이다
혼의 결정이다
신과 인간의 시위는 동등하다

17, 노래에 대하여

노래는 금빛 육체를 지닌다
노래는 마음이 은거한 곳으로 날아간다
노래가 끝나도 혼자 남아 꽃 피운 저 천 가지 마음들
노래의 종착역은 음악역驛이다
음악역으로 가기 위해서 악사들은 연미복을 입고
연인들은 서로의 눈동자 속으로 들어간다
침묵이 두려워 노래는 노래로만 살아있고
고요를 깨우기 위해 노래는 세상의 적요 쪽으로 화살을 날린다
모든 생은 노래하는 악기다
모든 가슴은 노래를 담은 그릇이다
우리가 시냇물에 떨어지는 이슬의 마음을 갖는다면
아, 이미 지상의 귀가 되어버린
저 환한 악성들의 영혼이라면

18, 희망에 대한 아유阿諛

그들이 세계에 지고 난 뒤 기록한 노트를 발굴하리라
허무주의자들의 언어를 집성하리라
그들이 숟가락을 버리고 금식을 택한 날의 일기를 읽으리라
주림이 육체를 굴복시킨 날의 무저항의 몸을 관찰하리라
일하던 그들의 손가락이 어디에서 멈추는가를 주시하리라

새는 울고 바람은 울타리에 걸려 넘어지고
동해남부에 비둘기호가 폐선되고
녹슨 철로 위로 아무 것도 모르는 철새가 날아간다
성호를 그으며 떨어지는 꿀밤나무의 꿀밤 열매
가을이 간다

언어가 단장한 옷을 입고 나타날 때
시가 된다
나는 수식 없는 시를 본 일이 없다

장식 없는 면류관을
과장 없는 노래를 들은 일이 없다

낮 동안 입었던 옷을 벗고 잠자리에 들 때
사람은 비로소 사람이 된다
더 벗을 것이 없는 짐승들의 사실적인 육체
양각된 정직성, 그 즉물성에 경배하라

지금 번쩍이는 은그릇은 어느 날 먼지가 될 것이다
지금 빛나는 사유도 어느 날 망각 속에 묻힐 것이다
시는 아무 것도 말하지 않을 것이고
오늘 만난 사람들도 지상에서 사라질 것이다
이 모든 사실이 나를 슬프게 하지만
나는 절망하지 않으리라
보이는 곳과 보이지 않는 곳
따뜻한 감옥과 상냥한 철조망이 있으리라는 희망의

19, 위험한 독서

모든 사유는 흰 종이 위를 지난다
때론 겨자씨처럼 때론 레일 위를 달리는 기차처럼,
끝없이 말을 걸어오는 글자들이 나는 두렵다
종달새가 남기고 간 백지 위의 고백들
은빛 칼날 스치고 간 맨살 위의 붉은 피

시는 꽃 진 뒤의 어두운 나무를 말해야 하고
차가운 태양을 말해야 한다
교활한 새를 말해야 하고
상냥한 굴뚝을 말해야 한다
길 잃고 헤매는 구름장들
나를 제 맘대로 짓밟고 간 상처를 말해야 한다
삭풍에 견디는 돌을 말해야 하고
견디다 못해 떨어지는 별똥별의 생애를 말해야 한다

독서는 종이의 마음을 읽는 것이다
백지의 입인 글자들은 천의 혀로 노래한다

때로 절망이 달콤한 혀를 놀려 거짓 시를 암송하고
일찍 누룩이 된 곡식은 술의 입으로 말한다
악처럼 친숙한 것이 어디 있느냐고
죄처럼 감미로운 것이 어디 있느냐고

때로 질투도 인간적이다
나는 열 번의 봄이 같은 꽃을 피운 것을 본 일이 없다
오늘의 구름은 어제의 구름이 아니다
작년의 작약은 올해의 작약이 아니다
시는 이 모든 것을 말해야 한다
독서가 가르치는 계단은 너무 높은 데 있다

20, 나는 읽는다

나는 읽는다

어떤 말들이 내게 들어오고 어떤 말들은 나를 떠난다
내 뇌리는 문장의 통로
문맥과의 결별은 즐거움인가 슬픔인가
글을 읽으면 고전과 신서의 바다에 내 몸이 잠긴다
사유가 청류와 탁류로 뒤섞인다
늙은 세월과 신생의 시간이 악수한다
나는 천천히 중독된다
아편의 말들이 나를 지탱한다

21, 몸의 향연

몸은 향기에 취할 수 있는 코와
바람 소리를 좋아하는 귀를 가지고 있다
별빛을 걸어둘 수 있는 머리카락과 껴안기에 알맞은 두 팔과
저를 지탱해 주는 두 발을 가지고 있다
연장을 만지는 손과 수저질에 능한 손가락과
정욕에 잘 반응하는 성과, 행위에 순응하는 욕망을
가지고 있다

아무리 저속한 인간이라도 그의 얼굴은 공작새 날개보다 우아하고
아무리 잔인한 인간이라도 그의 모습은 침팬지의 자태보다 온화하다
아무리 때묻은 인간의 헌옷이라도 학의 날개보다 정겹고
아무리 낮은 음색의 노래라도 두루미의 목청보다 아름답다

몸이 곧 사람이다
영원회귀의 몸이여
그러기에 나는 이 밤도 사람의 이름 빌어 시를 쓴다

22, 미지가 나를 이끈다

이 옷을 만들 때 그는 따뜻한 숨을 쉬었을 것이다
이 책상을 만들 때 공장 위로 몇 송이의 구름이 지나갔을 것이다
그 모든 것은 나에겐 미지다
그러나 나는 그것을 입거나 사용한다

이 양복을 만들며 그는 누군가가 이것을 입으리라고 생각했을 것이다
이 책을 만들 때 그는 누군가가 이 책을 읽을 거라고,
이 시를 쓸 때 그는 누군가가 이 구절을 읽으며
기뻐하거나 슬퍼하리라고 생각했을 것이다

미지는 기억의 창고에 낙엽처럼 쌓인다
미지는 닿을 수 없는 축제, 그리움의 향연이다

나는 날아가는 나비의 행방을 알지 못한다
나는 들쥐가 잠들 들판의 집을 알지 못한다

지친 잠자리가 어느 바지랑대에 앉을지를 알지 못한다
저 개미가 불어난 물을 건너 어느 굴 속으로 갈 것인지를 알지 못한다

사유하는 그대여
그대가 밟고 온 어제는 등 뒤로 사라지고 없다
그대는 아직 내일을 만나지 못했다
그대는 끊임없이 회의하고 반문하고 부정하고 숙고한다

나는 저 항아리가 흙이었던 때의 빛깔을 모른다
저 비단 집에 들어있는 곤충의 애벌레 시절을 모른다
이 책상이 닥나무였을 때의 떡잎을 나는 모른다
내 열 살 때의 저녁놀이 숨은 곳을
발을 간질이고 흘러간 내 열 두 살 적 개울물이 다다른 곳
소년 시절에 듣던 겁 많은 여우의 울음이 묻힌 곳을
누가 마침내 저 저녁놀을 잘라 제 옷을 만들 수 있는지를 나는 모른다

모든 것은 미지

그 만질 수 없는 세계에 닿으려고 나는 고뇌의 길을 간다

23, 생각에 대한 의문

내 사유가 햇살을 만질 수 있는가
내 사유가 무지개를 끌고 올 수 있는가
사유는 고통인가 안식인가
생각은 꽃송이를 만지다가도 지폐를 만지고
보석의 길을 걷다가도 진흙 속에 발을 담근다
내 사유는 왜 질서보다 혼돈에 익숙한가
왜 청류보다 탁류를 그리워하는가
성찰은 내가 아무 것도 할 수 없다는 각성에 이르는 통로인가
나는 무엇을 반성해야 하는가
어제 마신 술, 어젯밤의 방탕, 술잔 속에 빠뜨린 언어의 구름장들
마음속에 숨겨두었던 혐오와 증오들
내가 의자에 앉아 하늘을 쳐다보고 있을 때
내 생각 속으로 갑자기 뛰어든 노루 한 마리, 까치 두 마리, 기린 늑대 코뿔소들
언젠가 내 사유의 질그릇은 깨어질 것이고

가슴의 둑은 무너질 것이다
나는 왜 천상보다 지상에, 신보다 인간에, 어른보다 아이에 가까이 가고 싶은가
서양보다 동양에, 유럽보다 아시아에 살고 싶은가
왜 선계보다 속계가 그리운가
푸른 하늘보다 검은 흙이 더 정다운가
말하라, 내 사유의 그릇이여
끝없이 출렁이는 생각의 물결이여

24, 순수의 거처

나는 순수를 만나기 위해 영혼의 거처를 찾는다
순수여, 나는 발을 멈추고 너의 숨소리를 듣는다

눈 위에 찍힌 사슴의 발자국, 새 봄의 개나리꽃
갓 뜬 저녁별, 이제 막 흐르기 시작한 물
풀잎을 건드리는 바람, 태어나 처음 흙을 밟는 아이의 맨발
아직 화폭에 담기지 않은 그림, 아직 시에 씌어지지 않은 언어
작곡되지 않은 멜로디, 연인을 만나기 전의 소녀의 가슴
국가國歌를 부르기 전의 군중의 침묵, 떠나보내고 난 뒤 돌아서서 흘리는 눈물
무신론자의 생애, 무정부주의자의 흉금,

그러나 나의 순수에의 염원은 열세 살 소녀, 열네 살의 소년
그 피부와 입술과 눈빛과 깨끗한 가슴의 피

풀벌레 노래 속에 제 노래를 보탤 수 있는 것은 소년이다
그들은 아직 바다에 닿지 않은 물이거나
구름에 가리지 않은 오전의 햇빛이다
그들의 눈은 동쪽 하늘에 걸린 무지개다
약동하는 그들의 발은 첨탑을 뛰어넘고
탄주를 염원하는 손은 태산을 거머쥔다
그들의 가슴이 등불이어서
그들은 그믐에도 등명燈明을 기다리지 않는다
책 펴지 않아도 그들의 가슴엔 수천 페이지의 책이 있고
악기를 켜지 않아도 그들의 마음속엔 수만 가닥의 선율이 넘친다
꽃밭이 아니어도 그 가슴이 꽃밭인 소년들
앵초와 앵초 사이로 천 개의 바람 지나고
작약과 작약 사이로 천 개의 햇빛 지난다
어떤 영혼이 슬프기 위해 태어났겠는가
기쁨을 마중하는 아름다운 소년들

세월의 무게를 알 리 없는, 죄마저도 사랑스러운
저 연두색 살들
봄비처럼 설레는 매끄러운 알몸들

25, 지상의 인간

천상을 그리워하는 것은 모두 날개를 지닌다
나는 날 수 없는 몸으로 예순 해를 지상에 머물렀다

살아 있는 자여
내가 천상을 그리워하지만
나는 지상의 삶을 더 사랑한다
내가 이 세상에 와서 누군가에게 처음 불렸던 兒名으로 꽃피는 곳
다만 세 음절 모국어로도 세상의 한가운데 내가 설 수 있었던 곳

그러나 나는 너무 많이 걸어왔다
아무도 제 지나온 길과 골목을 다 헤는 자 없다
물이 뒤돌아보지 않고 흘러가듯
나는 뒤를 돌아보지 않고 예까지 걸어왔다
아니, 걸어온 길, 버린 신발 그리우면
땀과 눈물로 점찍은 땅 돌아보기도 했다

지상에서 놓친 세월이어
오래 전에 열매를 떨구어 버린 껍데기 시간이어

이제 남은 일은 침묵의 봉지를 뜯어 언어를 토하는 것
언어가 닿지 못하는 곳에 침묵을 혼자 세워두는 것
그 기쁜 세수와 빗질로 우리의 영혼이
해의 노래를 부르는 것
감옥이라고 생각했던 삶이 새싹처럼 지상의 여기저기에
눈록의 움을 키우는 것

우리가 첫봄의 새싹으로 다가가면
삶은 여름 잎으로 우리를 채우는 것
태양이 더 푸르고 넓은 잎으로 지상을 물들이는 것

풀이 시들고 나무가 죽고 짐승이 이 지상을 떠나도
오래 남아 땅 위의 삶을 노래할
우리는 지상의 인간

26, 이름들

오늘 하루도 내 머리를 스치고 간 이름들이 별자리보다 많았다

노고지리 빼꾸기 종달새 참매미
보풀 어리연 물옥잠 강아지풀
하늘소 부전나비 각시붕어 잠자리

왜 몸은 여기 있는데 생각은 거기에 머무는가
왜 수저 끝에 바다가 너울거리는가
왜 나는 상수리나무를 흔들고 간 어제의 바람을 생각하는가
왜 나는 눈 오는 밤의 사슴의 눈이 보고 싶은가

열사熱砂의 땅을 짚신 몇 켤레로 걸어간 사람 우리 앞에 있다
저 얼음의 대지를 홑옷으로 건넌 사람 우리 앞에 있다
히말라야를, 에베레스트를, 안나푸르나를, 마추비추를

맨몸으로 오른 사람 우리 앞에 있다
구도를 위해서, 극기를 위해서
인간의 불멸하는 승리를 위해서

누가 인간을 폄훼하는가
인간은 인간을 위해서 살지만 결코 인간만이
유일한 생령이라 하지 않는다
좀벌레와 코끼리를, 난장이사슴과 긴 목 기린을
황조롱이와 앵무새를, 독수리와 뱁새를
이 지상의 식구로 숨쉬게 한다

내가 예찬하고 싶은 것은 인간의 힘
쓰러져서도 일어서는 극기의 힘이다
가시 뒤에 숨어서 피는 꽃과 같이
어둠 속에서 분출하는 용암과 같이

27, 예지들

새 날아가는 형상을 보고 상형문자를 만들고
물고기의 헤엄을 보고 설형楔形문자를 만든 것은
인간이다
구름의 머묾을 보고 쉼표를 만들고
바람의 움직임을 보고 음표를 만든 것도 인간이다
코끼리와 사자가 숲이나 나무에서 잠잘 때
인간은 깨어있는 정신으로 고뇌하고 사색하며
노래를 만들고 시를 짓는다

인간은 즐거운 때를 위해 원형극장을 만들고
위급한 때를 위해 갑주와 쇠뇌를 만든다
앉아서는 규범을 만들고 서서는 교리를 만들고
뛰면서 경기를 고안하고 잠자면서 내일을 꿈꾼다
인간은 길고 오랜 참음으로 세상과 우주를 통찰한다
포도나무가 물을 빨아 올려 단 열매를 만들 때
인간은 읽고 생각하며 사색의 성을 쌓는다
소와 말이 여물을 되새김하며 살과 피를 만들 때

인간은 듣고 쓰며 사유의 길을 찾는다

짐승들이 숲 속에서 잠들 때
인간은 등불을 켜고 책을 읽는다
아직도 우리의 귀에 남아있는 명곡과 명구들
이 세상 먼저 살고 간 사람들의 고뇌의 흔적을
고뇌가 기쁨이 되는 명주 올을
바다가 출렁이는 거대한 교향악을
모래를 뭉쳐 마천루를 세우는 저 손을
천년을 내다 본 저 예지를

28, 영원에 대하여

이제 관습의 언어를 철폐하라

내가 영원이라고 말하는 순간 영원은 사라진다
소낙비가 보내준 하늘의 벽력과 저 번쩍이는 번갯불은 순간이다
뛰는 심장의 박동과 맹수의 포효도 순간이다
누가 영원을 만질 수 있는가
영원은 영원의 이름으로 불리는 순간 우리 곁을 떠난다
꽃이 피는 순간, 나비가 날아오르는 순간
여름을 수혈한 벌레가 마침내 우화하는 순간
그 순간들의 연속이 영원이 된다
저 명멸하는 빛과 어둠, 종이 위에 활자로 새겨진 이름
우리의 기억 속에서 태어나고 사라진 성인과 영웅들, 예술가들, 과학자들
또한 그들을 낳고 자라게 한 왕국들, 공화국들, 합중국들
그것이 영원인가, 고구려가, 신라가, 백제가, 가야가
한, 당, 송이, 아시리아, 카르타고, 바빌로니아, 페르시아

가 영원인가

일곱 날을 노래한 매미는 죽음으로 영원 속에 편입된다

배를 땅에 대고 기어가는 뱀의 욕망은 그의 혀가 날름거림을 멈출 때 영원이 된다

일년 내내 강물을 희롱하던 나무는 뿌리가 썩을 때 영원이 된다

그리고 너와 나

인간은 생의 옷을 벗고 흙으로 돌아갈 때 영원의 일부가 된다

노하고 웃고 기뻐하고 슬퍼하는 모든 감정들은

바람이 불면 펄럭이는 물푸레잎과 같은 것

다만 강물을 밟고도 침묵하는 산만이 영원의 이름에 값한다

파도의 말로 잠자는 섬을 깨우는 바다만이 영원의 이름에 값한다

우리가 아승지겁이라 불렀던 영원, 우리가 무량수라 불렀던 영원

그것은 우리의 것이 아니다
겨울 씨앗들이 땅 속에서 봄빛을 갈구하는 것
동풍이 사월 들판을 그리워하는 것
아, 저 스무 살들이 한 사람의 눈망울과 가슴을 그리워하는 것
태양이 빼앗아간 꽃들의 웃음 소리
허공이 빼앗아간 새들의 노래
모든 허망과 상실이 영원을 노래하는 우리의 눈시울에 물방울로 맺힐 때
우리가 할 수 있는 것은 다만 영원에 경배하는 일
우리가 가진 가장 아름다운 말로 영원을 호명하는 일

29, 삶의 양식

누가 걸출한 삶의 목록을 가지는가
그가 백작, 그가 진골, 그가 크샤트리아, 그가 제후라 해도
눈이 보는 것, 귀가 듣는 것, 입이 맛보는 것, 손이 만지는 것
그것이 짜는 목록이 그의 생이다
나는 그것들과 함께 한 생을 걸어왔다

현관이 있고 신장이 있고 마루가 있고 방이 있다
식탁이 있고 부엌이 있고 밥솥이 있고 숟가락이 있다
장롱 옷걸이 양복 와이셔츠
내 삶의 목록은 그것이다
텔레비전 벽시계 칫솔과 면도기
비눗갑과 타월 열쇠와 수첩
열 개의 이상理想과 스무 가지의 죄
그것이 삶의 목록이다

나는 온대를 버리고 북빙양을 가고 싶다
베르호얀스크 옐로나이프를 가고 싶다
극지에서 이글루 한 채 짓고 그 안에서 칸트를 읽고 싶다
나는 발 시린 펭귄과 함께 남극을 걷고 싶다
나는 언어로 세상을 제단하고 싶다
내가 아직 놓지 못하는 것, 너무 오래 써 남루가 된 저 언어
그 위에 생각을 보태면서, 요일 위에 요일을 보태면서
습관의 수저질에 한 번도 회의하지 않으면서

현관이 있고 신장이 있고 마루가 있는 그곳
식탁이 있고 부엌이 있고 밥솥이 있는 그곳,
나는 간다, 그것이 삶의 양식이라 믿으며
습관의 내 발걸음을 조금도 의심하지 않으면서

30, 인간의 조건

나는 오늘 이 리터의 물을 마시고
오백 그램의 쌀을 먹거나 세 개의 빵을 먹는다
오 그램의 소금과 설탕
백 그램의 쇠고기나 돼지고기를 먹는다
소량의 단백과 지방, 녹말과 칼슘
나는 때로 이 온스의 생약
일 리터의 주스를 마신다
나는 하루에 일곱 번 오줌을 누고
하루에 한 번 똥을 눈다
섭취하고 배설하는 것이 인간이다
그러기에 나는 인간의 조건에 충실하다

나는 여름에는 반소매 홑옷을 입고
땀을 닦거나 목욕을 하고
겨울에는 면내복을 입고 엑스란, 모피 외투를 걸친다
모자를 쓰고 장갑을 끼고 가죽 덧옷을 입는다
흙과 벽돌을 쌓아올린 집에서 끼니를 때우고

길을 나설 때는 신발을 신는다
어두우면 불을 켜고 자정에는 잠잔다
생각의 불빛은 몸에서 나온다고 믿으며
나는 몸의 요구에 순응한다

그러나 인간이여
삶의 조건은 무한하다

꿈이 봉지 터지는 사색
희원이 수놓는 이상
아름다움 위에 아름다움을 포개려는 희망
외로움을 떨쳐내는 반려
마음과 마음을 잇는 그리움
더 많은 것을 주고 싶은 사랑
모든 사람의 가슴에 남아있는 인간애

무엇을 먹고 어디에 잠자느냐가 인간의 조건은 아니다

더 크고 더 멀고 더 깊은 사유의 추를 내린 곳
더 멀리 날아가 꽂히는 생각의 과녁
닻을 내릴 수 없는 끝없는 항해
몸을 데리고 걸어온 구절양장의 길
몸을 쉴 나무 그늘, 목을 축일 감로수 한 잔
목청껏 부르고 싶은 찬가 한 구절
인간의 조건은 몸과 함께 가꾸어 온
정신의 열대에 있다

31, 공작工作 인간

그는 지구상에서 가장 흥미있는 동물이다

그는 솥을 만들어 밥을 짓고 빵틀을 만들어 빵을 굽는다
산을 깎아 밭을 일구고 늪을 메워 마을을 이룬다
바다에 배를 띄우고 하늘에 비행기를 날린다
그는 스스로를 사랑하면서 또한 남을 사랑한다

그는 몸의 부끄러운 곳을 가리고 머리를 빗고 더러워진 옷을 빨래하고
손가락 대신 수저로 밥을 먹는다
신발을 기워 발을 보호하고 남 보지 않는 곳에서 배설하고
닫힌 문과 벽 안에서 성교한다

그는 언어를 만들어 의사를 소통하고
글자를 만들어 생각을 기록한다
더 많은 사유를 담기 위해 책을 만들고

오래 전에 죽은 사람의 생각을 배우기 위해
학교를 짓는다
귀의 즐거움을 위해 음악을 만들고 눈의 즐거움을 위해 그림을 그린다
마음의 보석을 위해 시를 쓰고
삶의 오욕, 감정의 희비를 위해 소설을 쓴다

때로 그들은 인간에게 적의를 표하기도 하지만,
인간에게 총을 겨누고 미사일을 날리고
원폭을 투하하고 전쟁을 일으키기도 하지만
그것은 본래 호랑이와 사자를 향하던 것
늑대나 여우가 유순해진 지금, 인간은 그 악의를 벗어 던지는 연습을 한다
평화의 헌장을 만들고 제도와 기구로 전쟁을 억제한다

인간이 인간에게 보내는 끝없는 예절
인간이 자연에 보내는 끝없는 사랑

그래서 들판엔 곡식이 익고 마을엔 불빛이 반짝이고
산은 나무를 키우고 강은 물결을 밀어보낸다
내일도 바다는 출렁이고 하늘은 푸를 것이다

32, 불행을 가르치는 학교는 없다

두들겨 만들 수 있다면 나는 망치로 희망을 만들겠다
나무는 한 번도 제가 불행하다고 생각지 않는다
그러나 인간은 숟가락을 들면서도 자신의 불행을 되돌아본다

나는 살아오면서 끝없이 회의했고 끝없이 번민했다
묻지 마라
삶이 명예인가 권력인가를
돈인가 사랑인가를
그 모두일 수도 있고 어느 것도 아닐 수도 있다

나는 가끔 벼랑에 매달려 있는 꽃나무를 보면
저것들이 피우는 꽃은 항변일거라는 생각을 한다
악을 쓰며 매달린 생이라는 생각이 든다
상상을 허용치 않는 법전
두 가지 답을 허용치 않는 수학을 나는 멀리한다
오직 한 가지만의 답을 가진 생은 없다

서른 혹은 마흔엔 나는
사람을 사랑하기도 하고 미워하기도 했다
그땐 출세하고 싶었거나 타락하고 싶었다
그러나 나는 주라기의 공룡처럼 바위에 발자국을 남길 수 없다는 것을 안다
그것은 기록되지 않은 깨달음이다

불행을 가르치는 학교는 없다
삼월엔 대지가 녹고 사월엔 꽃이 핀다
희망이여, 너는 막대기에 걸린 헌 옷가지가 아니다*
바위는 제 살이 모래가 되어서도 절망하지 않는다
삶은 때로는 흐렸다 때로는 갠다
희망이라는 이름은 인간만의 권능이다
저녁만큼 아름다운 용서가 없듯이
희망만큼 아름다운 질타도 없다

* 예이츠, 비잔티움 항행

33, 죽음은 두려움이 아니다

살아있음이 길이듯이 죽음도 피안으로 난 길이다
죽음은 이 땅의 부토를 베고 누워
천상의 꿈을 꾼다
그가 술탄이거나 군왕이라 해도
그가 성골이거나 지존이라 해도
죽음은 그들의 혼을 나란히 눕힌다
무덤은 평등하다
이승에서의 높낮은 산 사들의 호사
죽음은 삶의 높낮이를 깎아 평정에 이르게 한다
지자智者들도 죽은 뒤에는 더 이상 사유하지 않고
현자들도 죽은 뒤에는 예언하지 않는다
죽음의 거대한 벽을 무쇠로 쳐도 소리나지 않는다
죽음은 죽음을 만나면 더 힘껏 서로를 껴안고
삶마저 저의 동반자가 되길 바란다
삶이 수유須臾라고 말하는 것도 죽음이 영원이라고 말하는 것도
살아있는 인간의 수사

삶은 죽음에 이어지고 죽음은 삶을 동반한다
영원을 만져보고 싶은 것은 인간의 꿈
그러나 영원은 만져지지 않는다
풀벌레 울음 끝나는 곳, 거기에 깃든 침묵이 영원이라면
우리의 귀는 영원을 들은 것,
삶이 미식과 휴식을 원한다면
죽음은 영원과 침잠을 원한다
삶이 화려한 의상과 더 높은 옥좌를 원한다면
죽음은 적요와 침묵을 원한다
죽음이여, 하고 불러도 죽음은 대답하지 않는다
시인은 장미 가시에 찔려
철학자는 이에 물려
의사는 병들어 만난다
영원의 이름인 죽음을
삶을 위해 율법과 계율을 만든 인간도
마침내는 삶의 마지막 향연인 죽음으로 돌아간다
선도 악도, 성도 속도 하나가 되는 세계로

미와 추도, 정正과 사邪도 하나로 눕는 세계로

34, 순금의 언어

지저스여, 당신이 맨발로 넘었던 골고다 언덕은 고통이었던가 환희였던가

싯다르타여, 당신이 고행했던 설산의 한기寒氣는 극약이었던가 열락이었던가

나는 이 땅에 태어나 주소를 얻고 주민등록을 하고

거기에 몸 붙일 작은 집을 얻었다

국경일 아침에 불렀던 애국가는 관제

태극기 앞에서도 나는 경건하지 않았다

그러나 카알을 타고 이륙하면서 나는 처음으로 내 나라를 보았다

그때 떠오른 나라라는 말은 왜 슬픈 색깔이었을까

나는 인생을 생각할 때마다 일곱 살처럼 두근거린다

나는 아직도 삶에 대해선 숙제검사를 받아야 하는 저학년이다

그러나 나는 탄식하지 않으련다

이제 아무도 사랑할 수 없다고

돌아보면 등 뒤에는 무덤만 늘어난다고,

내가 디딘 이 땅에 벼가 자라고 밀이 익는 동안은
학교가 있고 우체국이 있고 기차가 출발하고 비행기가 뜨는 동안은
댐이 있고 발전소가 있고 등대가 어둔 바다를 향해 반짝이고 있는 동안은
내 어린 아들 딸들이
종이와 책과 책 속에 담긴 금싸라기 영혼을 읽을 수 있는 동안은
태어나 처음 본 그 햇빛이
아직도 식지 않고 지붕마다
금빛으로 내리고 있는 동안은

35, 예언자는 없다

누가 밤을 지나는 뮤즈의 시를 듣는가
누가 사이렌의 비곡秘曲을 듣는가
우리에겐 예언자는 사라졌다
태풍경보를 믿는 사람들이 내일에의 예언을 믿지 않는다
비둘기를 평화의 상징이라 말한 사도使徒도
식탁의 빵을 먹고 잠들 때는 한 여자의 품으로 돌아간다
인간은 절대 자유를 희구하는 동물, 그러나
정념의 울타리로 윤리를 만들고 욕망의 울타리로 법률을 만든다
너의 절대자는 너 자신
너의 운명을 점지하고 너를 인형처럼 조종할 신은 없다
미네르바의 부엉이는 성대 절단 수술을 받았고
앵무와 꾀꼬리는 목울대를 봉쇄 당했다
매연의 도시, 루머의 안개 속을 걸어가는 사람의 주치의는 없다
너의 주치의는 오직 너 뿐
너와의 약속 없이 지하철은 연장되고 너에게 예고 없이

마천루는 키를 높인다
예감이어, 예언이어
영감은 시를 낳지만 초월자는 낳지 못한다
우리는 지상의 인간
노래 속에도 우울을 담고 웃음 속에도 슬픔을 담는
심금으로 시를 만들고 엄지와 검지로 絃을 켜는 동물
플라톤을 읽다가 돈을 세고 스피노자를 읽다가 연시를 읽는
신경세포가 거미줄처럼 엉킨 교묘한 영장류
주화와 지폐를 만들어 환물하고 교환가치에 믿음을 두는
지상 경작자
벌이 본 장미와 인간이 본 장미가 같지 않듯이
장미를 먹지 않고 장미의 아름다움만 보려는 미의 탐닉자
누가 리라를 뜯는 뮤즈의 시를 듣는가
누가 돌아와도 메아리뿐인 에코의 음악을 듣는가

우리에겐 운명의 점지자도 내일에의 예언자도 없다
너의 절대자는 오직 너 뿐

36, 인간의 시간

저 시간의 레일을 철폐하라
시간이라는 치차의 굉음에 귀머거리가 된 인간이어
저 무수한 초침과 분침을 철폐하라
칠십 혹은 팔십 년을 타고 온 시간의 기차를 하차하라
어느 역에서 내릴까를 고민하지 마라
어제 역이라도 좋고 내일 역이라도 좋다
인간의 시간은 무한하다
시간의 궤도를 벗어나면 거기
무한히 젊고 싱그러운 대지가 기다리고 있다
태어나는 그날부터 시간 앞에서 떨며 기다리는 인간이어
찰나에 구걸하며 목숨을 부지하는 시간의 거지떼여
인간의 시간에는 정거장이 없다
한 번 출발한 생의 기차가 쉰다는 것은 죽음을 의미한다
바위가 닳아 모래가 되고 모래가 닳아 먼지가 되는 시간을
수유가 쌓여 영원이 되는 시간을 빗장 질러라

치맛자락에 스쳐 산 하나가 없어지는 시간을 겁劫이라 했으니,
시간은 냉담한 생의 안내자
어제의 새 움을 오늘 낙화로 떨어지게 하는 것이 시간이다
세월이라 이름 붙여 절하지 마라
저 폭군을 권좌에서 끌어내려 노복처럼 꿇어앉혀라
살아오면서 우리가 피멍 들도록 맞은 시간의 회초리를 꺾어 버려라
저 초침의 채찍이 있는 한 인간에게 참된 자유란 없다
그가 장군 제독 사령관 총통이라 해도
시간 앞에서는 한낱 어린아이에 불과하다
그가 왕후장상이라도 시간 앞에서는 어린 길손에 불과하다
폐병장이 문둥병자 매음부 귀머거리
장님 절름발이 곱추 알콜중독자 고자 난장이
그 모든 지상의 영위자들

그들도 시간의 사슬에서 해방시켜야 한다
늙기 전에 사랑을 하고 늙기 전에 아이를 낳고
늙기 전에 등기문서에 도장을 찍고 상속을 하고
그리고는 이 세상을 홀로 떠나는 여행자, 인간
그러나 그대는 자유에의 탐닉자
그대가 시간의 레일을 내려설 수만 있다면
그대가 초침의 회초리를 꺾어버릴 수만 있다면

37, 이념이라는 추상

사랑이 아닌 이념으로는
쓰러진 벼를 세울 수 없다
날개 다친 물새를 날게 할 수 없고
발 다친 고라니를 뛰게 할 수 없다
이념의 굳게 다문 입으로는 질식한 자를 숨 쉬게 할 수 없고
밤길에 서툰 암소에게 촛불 하나의 불빛을 밝힐 수 없다
이념이 아무리 높고 견고하다 해도
앉은뱅이 소년을 서게 하진 못한다

이념이 얼음이라면 정념은 꽃이다
북빙양의 심해어는 눈이 퇴화되어 보지 못하고
남극의 암반에는 설화가 흩날려도 푸나무의 꽃송이는 벌지 않는다
갓 태어난 송아지의 울음은 들판에 피 도는 소리
그것은 이념이 아니라 생의生意의 노래이다

쇠의 이념이여, 너는 불의 정념 앞에 구애하라
그리하여 열 번 구애 끝에 팔삭동이 아들 하날 얻어라
어떤 입술도 어떤 젖가슴도
가시와 침과 날 선 이념을 지향하지 않는다
이념은 침이고 총이다
짐승의 발톱이고 날카로운 이빨이다
그것은 쌀이 되지 않고 밥이 되지 않고 온돌이 되지 않는다
이념은 화살처럼 과녁을 향해 날아가
꽂히는 순간 암 덩어리가 된다

나의 종매형은 다섯 살 내 유년을 무등태우고 다니던
가슴이 솔뿌리 같던 청년
그는 힘이 세고 꾀가 많고 노래를 잘 부르고 쟁기질도 잘 했지만
그는 가난했고 일자무식이었다
그는 귀동냥으로 맑시즘을 들었고 발동냥으로 공산주

의를 낚시질했다

그는 장가 온 지 사흘 밤에 싸리문을 나가
덕유를 타고 지리산 그늘에 숨어
스물다섯의 가을밤, 홍안의 빨치산이 되었다
사촌 누님 정안수 떠 놓고 그가 돌아오기를 기다리는 동안
세월은 치차처럼 흘러가고 그는 돌아오지 않았다
열 해가 가고 스무 해가 지나는 동안 그는 진주교도소와 대구교도소로 전전하다가
쉰도 중반을 넘어 그 밤의 싸리문으로 돌아왔다
그의 몸은 삼나무처럼 야위었고 흑요석 같던 그의 눈은 안개처럼 흐렸다
소반상 앞의 소주 한 잔에 끝내 이슬이 맺히는 고목 등걸의 삶을
그의 어깨에 무등타던 유년은 청년이 되어 바라보았다
심사에 얽힌 금은 부딪는 소리를 그는 예 부르던 낙화유수 한 곡조로 술잔에 담았다

천 마디 말보다 한 방울의 눈물
스무다섯 해 빨치산의 회한을
우엉잎처럼 푸른 나이의 나는 백 가지 마음으로 바라보았다

이념이 빠져나간 그의 몸은 형해였다
그의 얼굴엔 이념도 절망도 없었고
회신灰燼이 된 세월만 그의 귀밑에 억새꽃으로 휘날렸다
스핑크스의 미소가 회한인지 기쁨인지를 누가 말하는가
어느 날 문득 때 묻지 않은 가슴이 지상의 주인이 될 거라는
이념이라는 말조차 모르는 자가 땅 위의 주인이 될 거라는
생각을 뭉치면서 그가 권하는 소주잔을 나는 받았다

이데올로그여
그대는 이 세상 지나면서 한 번이라도 행복한 적 있는가

만 사람이 걸어간 길을 걸으며 그대는 한 번이라도 넉넉한 적 있는가
러시아와 쿠바와 독일과 한반도에 쇠의 발자국만 남기고 간 사람이여
유럽에 남미에 중국에 베트남에
이념으로 도금된 이름들이어

대한민국에서 태어나 대한민국의 밥을 먹고
대한민국에 세금 내고 대한민국에 몸 묻을 시인으로 살아
이념의 낯 선 숲을 마른 옷 입고 빠져 나오며
나는 노래한다
조국이라는, 민족이라는
평등이라는, 통일이라는
공동체라는, 해방이라는
아, 인류라는 이념 이념 이념들

마지막 돌아갈 땐 혼자 가는 것
그러나 나는 대한의 국민
브루크린 다리 위를 걸으며 불러보았던 이름
대한민국
구룡연九龍淵 오르면서 불러보았던 이름, 대한민국
나는 남쪽 도시에 호적을 둔
자음이 센 경상도인

38, 주의主義에 대하여

플라톤이 정치적 발언을 자제했더라면
나는 플라톤주의자가 되었을 것이다
나는 지금은, 정치를 버리고 섬으로 돌아간
17세기 시인 고산孤山주의자가 되었다
나의 꿈은 분필을 벗어나
농부 서사시를 쓰거나
오우가에 맞먹는 자연송自然頌 한편을 쓰는 것이다

39, 예술가들

일월이여
지상의 나날이여

너는 오늘 어디에 머물었으며
무엇의 이름을 부르며 걸어왔느냐
너는 오늘 몇 사람의 이름 앞에 경건했으며
몇 포기의 풀이름에 가슴 뛰었느냐

오늘 너의 머리 위를 날아간 새
오늘 하루 눈 맞춘 풀꽃
하루의 시작과 끝인 햇빛과 어둠을 밟고 온 나날을
그 수고로움을 깔고 앉아 노래하고 시 쓰며

나뭇가지가 탄주하던 노래를 내 따라 부르며
바람이 읊조린 풍월을 내 흉내 내며
그것이 하루가 되고 한 해가 되는 세월을
깨닫는 오늘

내가 입었던 양복과 와이셔츠, 내가 쓴 칫솔과 비누
밥그릇과 수저들, 가방과 책들
어느 하나 나의 숨소리, 나의 사색과 무연한 것은 없음을

나는 신전에 들기 위해 기도한 적 없다
신의 목소리를 듣기 위해 성소에 참배한 일 없다
그것이 죄의 목록이 된다 해도
나는 그것 때문에 무릎 꿇을 수는 없다

나에게는 난파의 바다를 품에 안는 어부
무한 광맥을 찾는 갱부
벌판 가운데 집을 짓는 목수가 위대하다
허공의 선율을 이끌어 와 노래를 만드는 작곡가
구름이 그리다 만 그림을 완성하는 화가
언어의 비의를 듣는 시인이 위대하다

누가 우리 마음 몇 마지기 땅에서
이리도 많은 황금 곡식을 거두어들였느냐
그들은 무명의 악사, 이름 없는 화가, 초야에 묻힌 시인
오, 지상에 십자수를 놓고 간 섬세한 무늬의 인간들

마음속에 거문고와 하프를 지닌 사람들
명주실의 사색을 지닌 예술가들
그들이 펼쳐놓은 하늘의 보료 위에
내 남루를 잠시 씻어 말리는
지금은 죽고 혹은 살아있는
예술가에게 경배하는 시간

40, 진리에 대한 물음

까마귀가 쪼던 하늘
딱따구리가 찧던 둥치
석공이 쪼던 바위
대장장이가 치던 쇠

진리는 어떤 얼굴일까

바늘이 된 절구공이
북이 된 가죽
종이 된 쇳물
펄프가 된 나무

내 만약 진리에 닿는다면
그의 숨소리를 각인하리라
정으로 쪼아, 돌에 새겨, 쇳물에 녹여
눈 속에 묻힌 엽록처럼
암반 속을 파고 든 광맥처럼

41, 순례의 끝

눈보라 속에서 얼마나 참았느냐, 영하여
꽃을 들켜버린 나무가 뿌리를 깊이 숨기고
폭포는 급한 마음 달래려고 벼랑을 뛰어내린다

기다림을 이긴 새들이 가지를 쪼며 노래하고
외롭지 않으려고 나무들은 잎으로 가지를 덮는다

분꽃 한 송이 없었으면 뜰이 슬펐을 것이다

창문은 떨어지지 않으려고 높이 매달리고
열매는 흙이 그리울 수록 가지를 움켜잡는다

나는 바위에 새기지 않았다, 내 시를
나는 금박 입히지 않았다, 마음을
나는 다만 노래했다
내 시가 사람의 가슴에 한 방울 이슬로 반짝일 수 있기를

42, 생生

질경이야 너는
무슨 원한 있기에 황소 발굽에 밟히고도 돋아나는 목숨이냐
장미야 너는 네 고혹을 미리 알았구나
온몸을 가시 병사로 무장한 걸 보면

너희에게서 나는 삶의 숨소리를 듣는다

낫을 들고 다가가면 몸을 피하는
나무

43, 목숨들

나무의 불행을 알면 나는 붉은 잉크로 밑줄을 긋겠다
내가 20세기의 참담을 말할 때
나무는 21세기의 행복을 꿈꾼다
내 쉬기엔 너의 그늘이 너무 넓구나
햇빛 속에 숨기고 있는 너의 영혼

44, 연서

사람을 사랑하는 일보다
증오하는 일이 더 어렵다
기다려라, 꿀을 찾아 떠난 벌이 돌아올 때까지

햇빛이 모래를 끓이는 날
나무는 붉은 꽃을 피우고
냇물은 고기떼를 무등 태우고 흘러간다

그늘에 앉아 흰 봉투를 뜯을 때마다
분수가 되는 푸른 마음

□ 발문

새로운 '미래의 인간'을 위하여

— 이기철의 시세계

반경환(문학평론가)

고대의 철학은 '자연의 철학'이었고, 중세의 철학은 '신의 철학'이었으며, 그리고 근대의 철학은 '인간의 철학'이었다. 탈레스, 아낙시메네스, 헤라클레이토스, 엠페도클레스, 데모크리토스 등은 대부분이 무신론자이자 자연의 이치를 탐구하는 '자연철학자'이었고, 소크라테스가 다이몬(半神)이라는 색다른 신을 주창한 이후, 중세의 르네상스 시대 이전까지는 기독교적인 '신의 철학'만이 득세를 하게 되었다. 자연의 철학자들이, 그것이 화성론이든, 수성론이든, 또는 4원소론이든, 원자론이든지 간에 자연의 이치를 탐구하여 우주의 신비를 파헤치는데 역점을 두었다면, '신의 철학'

의 주창자들은 고대 그리스 로마의 문화유산을 전면적으로 거부하고, 오직 이 세상의 창조주로서 하나님에 대한 절대적인 복종과 그 말씀을 전파하는데 역점을 두었다고 해도 과언이 아니다. 따라서 '신의 철학' 아래서는 이 세상의 자연의 이치를 탐구하는 학문이 금기시 되었고, 심지어는 삶과 죽음의 문제는 물론, 그 어떠한 학문과 예술의 자유마저도 허용되지 않았던 것이다. 삶이란 무엇이고 죽음이란 무엇인가? 천국이란 무엇이고 지옥이란 무엇인가? 행복이란 무엇이고, 불행이란 무엇인가? 또, 그리고, 이 세상의 근본물질은 무엇이며, 참다운 자연의 이치란 무엇인가? 이러한 근본적인 물음들이 제거되고, 오직 기독교적인 교리만이 진리가 되던 시대는 그야말로 암흑의 시대에 지나지 않았던 것이며, 다른 한편, 인간의 자기 발견이 이루어지지 않았던 시대를 뜻한다.

르네상스는 고대 그리스 로마 시대로 되돌아 가자는 문예부흥운동이기는 했지만, 그러나 르네상스는 단순히 문예부흥운동만이 아니라, 인간의 자기 발견이라는 인식의 대혁명을 뜻한다고 할 수가 있다. 콜롬부스와 다 가머에 의한 새로운 지리적 발견과 코페르니쿠스와 케플러와 갈릴레오에 의한 혁명적 우주관의 정립, 그리고 데카르트에 의한 인간의 자기 발견은 중세의 암흑기의 껍질을 뚫고 '인간의 철학' 의 서막을 알려주는 기상나팔 소리와도 같았던 것이다. 데카르트의 '사유하는 인간' 은 인간의 자기 발견이며, 신대륙의 발견과 혁명적 우주관의 정립은 인간의 활동무대인 세계의 발견이었던 셈이다. 인간의 철학은 인간이 중심이 되는 철학이며, 인간의 자기 성숙과 그 완성을 목표로 하는 인문주의(휴머니즘)로 설명을 할 수가 있다. 인문주의란 인간의 자유와 평등, 인간의 개성과 독창성을 그 전제조건으로 내세우고 있는 철학이며, 궁극적으로는 인간의 행복과 지상낙원을 목표로 하는 철학을 뜻한다. 인문주의란 전지 전능한 신의 존재를 부정하는 철학이며, 다른 한편, 인간이 자기 자신을 옹호하고 이 세상의 만물의 영장임을 선언해버린 철학이라고 할 수가 있다.

하지만 인문주의란 개인의 자유와 만인평등, 그리고 개인의 독창성과 행복한 공동체 사회의 건설이라는 상호모순적이며, 이율배반적인 목표를 추구해나가게 된다. 왜냐하면 한 사람의 자유는 타인의 자유를 짓밟고, 만인의 평등은 최소한도의 위계질서마저도 거부를 하고 있기 때문이다. 계몽주의 사상가들, 예컨대 몽테스키외, 장 자크 루소, 존 로크 등이 계급적인 특권의식을 배격하고 인간의 해방을 부르짖었던 것이 그것이며, 또한 장 자크 루소가 그 시민사회에 반발하여, 사회계약론자로서의 사회성을 잃어버리고 떠돌이－나그네와도 같은 삶을 살다가 갔던 것이 그것이다. 인간은 사회적 동물이기 때문에 무리를 형성하지 않으면 살아갈 수가 없고,

그리고 그 무리를 형성하려면 도덕과 법과 질서를 규정할 수 있는 사회적 제도가 반드시 필요하게 된다. 그러나 그 사회적 제도들은 인간의 행동을 무차별적으로 규정하고, 심지어는, 한 걸음 더 나아가, 모든 인간들의 자유와 창의성까지도 말살시켜 버리게 된다. 사회계약론자로서의 장 자크 루소는 어느 누구보다도 열광적인 시민사회론의 주창자이었지만, 『에밀』 이후, 개인의 자유와 독창성을 강조했던 장 자크 루소는 어느 누구보다도 열광적인 개인주의자에 불과했던 것이다. 르네상스 시대에도, 계몽주의 시대에도, 그리고 오늘날의 금융자본주의 시대에도, 인문주의란 개인주의와 사회주의를 다같이 아우르는 말이면서도, 또한 그만큼 상호모순적이며 이율배반적인 성격을 띠게 된다.

이기철 시인은 1943년 경남 거창에서 태어났고, 1972년 『현대문학』을 통해 등단한 이후, 『낱말 추적』, 『청산행』, 『지상에서 부르고 싶은 노래』, 『열하를 향하여』, 『유리의 나날』, 『내가 만난 사람은 모두 아름다웠다』 등의 시집을 출간한 중진 시인이다. 그리고 이밖에도 소설집 『땅 위의 날들』과 에세이집 『손수건에 싼 편지』와 수많은 학술 저서들을 출간했으며, '김수영문학상', '시와시학상', '최계락문학상' 등을 수상한 바가 있다. 나는 일찍이 이기철의 시집 『지상에서 부르고 싶은 노래』(문학과지성사, 1993년)의 해설(「천복의 길」)을 쓴 바가 있으며, 그로부터 13년이 지난 지금, 또다시 『정오의 순례』의 해설을 쓰게 되었다. 이기철의 『정오의 순례』는 한국문학사 속에서의 인문주의의 정점이며, 그 정점에서 피어난 아름다운 '명상시집' 이라고 할 수가 있다.

새 날아가는 형상을 보고 상형문자를 만들고
물고기의 헤엄을 보고 설형楔形문자를 만든 것은
인간이다
구름의 머묾을 보고 쉼표를 만들고
바람의 움직임을 보고 음표를 만든 것도 인간이다
코끼리와 사자가 숲이나 나무에서 잠잘 때
인간은 깨어있는 정신으로 고뇌하고 사색하며
노래를 만들고 시를 짓는다

인간은 즐거운 때를 위해 원형극장을 만들고
위급한 때를 위해 갑주와 쇠뇌를 만든다
앉아서는 규범을 만들고 서서는 교리를 만들고
뛰면서 경기를 고안하고 잠자면서 내일을 꿈꾼다
인간은 길고 오랜 참음으로 세상과 우주를 통찰한다
포도나무가 물을 빨아 올려 단 열매를 만들 때
인간은 읽고 생각하며 사색의 성을 쌓는다
소와 말이 여물을 되새김하며 살과 피를 만들 때
인간은 듣고 쓰며 사유의 길을 찾는다

짐승들이 숲 속에서 잠들 때
인간은 등불을 켜고 책을 읽는다
아직도 우리의 귀에 남아있는 명곡과 명구들
이 세상 먼저 살고 간 사람들의 고뇌의 흔적을
고뇌가 기쁨이 되는 명주 올을
바다가 출렁이는 거대한 교향악을
모래를 뭉쳐 마천루를 세우는 저 손을
천년을 내다 본 저 예지를

—「27, 예지들」 전문

인간의 철학은 인간이 중심이 되는 철학이며, 인간의 자기 성숙과 그 완성을 목표로 하는 인문주의로 설명을 할 수가 있다. 그렇다면 인간은 어떻게 창조되었으며, 또한 어떻게 해서 이 세상의 만물을 지배하는 영장이 되었던 것일까? 오늘날은 찰스 다윈의 '진화론'이 가장 핵심적인 정설로 되어 있지만, 기독교는 그것을 '하나님의 뜻'으로 답변을 해놓고 있다. 하나님은 첫째 날에 밤과 낮을 창조하고, 둘째 날에는 하늘을 창조한다. 셋째 날에는 땅을 창조하고, 넷째 날에는 해와 달과 별들을 창조한다. 다섯째 날에는 온갖 새와 물고기와 짐승들을 창조하고, 그리고 마지막으로 여섯째 날에는 하나님의 형상대로 인간을 창조하고, 그리고 그 인간에게 이 세상의 만물을 지배할 수 있는 특권을 부여해준다. 또다른 신화, 이를테면 그리스 로마신화를 살펴보면, 프로메테우스가 인간 창조의 임무를 띠고 지상으로 내려와 잠시 한 눈을 팔고 있는 사이, 그의 동생인 에피메테우스는 다른 모든 동물들에게, "힘, 민첩성, 용기, 교활함, 모피, 날개, 껍질" 등을 다 주었다고 한다. 따라서 우리 인간들은 수많은 동물들을 지배할 수 있기는 커녕, 자기 자신을 방어할 수 있는 그 어떤 수단도 없게 되었다. 프로메테우스는 수많은 생각과 궁리 끝에, 우리 인간들에게 두뇌와 두 손을 사용할 수 있게 해주었고, 한 걸음 더 나아가, 신들만의 귀중한 특권인 하늘의 불을 훔쳐다가 주었다. 사유하는 인간, 두 손으로 도구를 사용할 줄 아는 인간, 그리고 마침내 불을 얻은 인간, 바로 이 세 가지에 의하여 우리 인간들의 문명과 문화의 건설이 가능해졌고, 이 세계를 지배할 수 있는 만물의 영장이 되었다고 해도 과언이 아니다. 기독교의 인간 창조는 그리스 로마신화처럼 구체적이지는 않지만, 그 하나님의 형상을 닮은 인간의 완전성을 생각해볼 때, 그리스 로마신화와 기독교는 동일한 주제의 서로 다른 변주에 지나지 않게 된다. 신은 가상의 존재이지, 실재의 존재가 아니다. 종교와 신화 역시도 가상의 이야기이지, 실제의 이야기(역사)가 아니다. 요컨대 그 가상의 존재(신)와 그 가상의 종교들을 안출해낸 것은 우리 인간들인 것이지, 그 가상의 존재(신)가 우리 인간들을 창조해낸 것은 아닌 것이다. 모든 신화와 종교는 인간의 나약함을 위로하고, 그 유한성을 극복하기 위한 하나의 방법적인 수단에 지나지 않는데, 왜냐하면 종교와 신화가 없었다면 인간의 자기 정체성과 만물의 영장이라는 사실을 어떻게, 달리 설명해 볼 도리가 없었을 것이기 때문이다. 모든 종교와 신화들이 우리 인간들의 사유의 산물이며 최고급의 지혜의 저장소라면, '나는 생각한다, 고로 존재한다' 라는 데카르트의 말이나 '인간은 생각하는 갈대이다' 라는 파스칼의 말은 그 최고급의 지혜의 차용이며, 번안에 지나지 않게 된다. 하지만 우리 인간들이 창조해낸 종교와 신화들이 우리 인간들의 사유하는 능력을 빼앗고, 거꾸로 그 교리 속에 우리 인간들을 구속시켰던 것이다. 따라서 종교와 신화들이 우리 인간들의 삶에 봉사해야지, 우리 인간들이 그 종교와 신화를 위해서 희생되어서는 안 된다. 데카르트의 사유와 파스칼의 사유는 바로 이 반종교적 사유—그들이 비록, 다같이 독실한 기독교 신자이었을지라도—에 맞닿아 있다고 할 수가 있는 것이다. 인간은 자기 자신의 존재의 기원과 만물의 영장이라는 특권을 종교와 신화를 통해서 정당화시켰던 것이며, 이제는 그 종교와 신화의 존재 근거를 뿌리째 뽑아버린 채, 찰스 다윈의 '진화론' 으로 설명하고 있다고 해도 과언이 아니다. 진화론은 인문주의의 가장 찬란한 개화이며, '만물의 영장' 이라는 '지배의 정당성' 을 합리화시키고 있는 말에 지나지 않는다.

이기철은 그의 시, 「27, 예지들」 제1연에서 언어의 기원과 사유하는 인간의 본질적인 국면을 노래해놓고 있다. "새 날아가는 형상을 보고 상형문자를 만들고/ 물고기의 헤엄을 보고 설형문자를 만든 것은/ 인간이다/ 구름의 머묾을 보고 음표를 만든 것도 인간이다"라는 시구가 그것이고, "코끼리와 사자가 숲이나 나무에서 잠잘 때/ 인간은 깨어 있는 정신으로 고뇌하고 사색하며/ 노래를 만들고 시를 짓는다"라는 시구가 그것이다. 언어는 사유하는 인간의 가장 소중한 발명품이며, 우리는 언어가 없으면 그 어떤 것도 사유할 수가 없다. 수많은 사물들과 동식물들과, 그리고, 또, 수많은 행성들에게 그 이름을 부여하지 못한다면, 이 세계는 더 이상의 그 질서를 이루지 못하고 무질서와 혼란에 빠질 것이며, 만물의 영장으로서의 인간 존재는 그 종말을 고하게 될 것이다. 상형문자, 설형문자, 쉼표, 음표가 없는 세계를 생각해보고, 어떠한 이름도 부여받지 못한 채, 그저, 마냥 혼돈의 덩어리들로 떠돌아다니는 사물들을 생각해보라! 언어가 있기 때문에 사물에 이름을 부여하고, 언어가 있기 때문에 서로 간의 의사소통이 가능하고, 또, 그리고, 언어가 있기 때문에, 과거와 현재와의 대화를 통하여 미래의 희망을 기록할 수가 있는 것이다. 언어는 사유의 유일한 수단이며, 그 언어에 의해서 우리 인간들은 이 세상을 지배하는 만물의 영장이 되었던 것이다. 이기철의 「27, 예지들」의 제1연이 언어를 창조해낸 인간의 위대성을 노래하고 있는 것이라면, 제2연은 그 사유를 실천하는 인간의 위대성을 노래하고 있는 것이라고 하지 않을 수가 없다. "인간은 즐거울 때를 위해 원형극장을 만들고/ 위급한 때를 위해 갑주와 쇠뇌를 만든다"는 것도 그 사유의 소산이며, "앉아서는 규범을 만들고 서서는 교리를 만들고/ 뛰면서 경기를 고안하고 잠자면서 내일을 꿈꾼다"는 것도 그 사유의 소산이며, "인간은 길고 오랜 참음으로 세상과 우주를 통찰한다"는 것도 그 사유의 소산이다. 인간은 '사유하는 인간'(호모 사피엔스 Homo Sapiens)이며, 그 사유의 대상을 '창조하는 인간'(호모 파베르 Homo Faber)이며, 그리고 그 행복한 세계를 '향유(놀이)하는 인간'(호모 루덴스 Homo Ludens)이다. 「27, 예지들」의 제2연이 희로애락의 각 단계에 대응하는 사회적 제도와 그 장치들을 창조해낸 인간의 위대성을 노래하고 있는 것이라면 「예지들」의 제3연은 "짐승들이 숲 속에서 잠들 때/ 인간은 등불을 켜고 책을 읽는다"라는 사유의 본질적인 국면을 다시 노래하고 있는 것이라고 하지 않을 수가 없다. '사유하는 인간', '창조하는 인간', '놀이하는 인간' 중에서 최종심급은 사유하는 인간이며, 사유하는 인간만이 자기 자신의 세계를 창조해놓고, 그 아름답고 풍요로운 세계를 즐길 수가 있는 것이다.

이 아름답고 풍요로운 세계는 인간이 창조해낸 세계이지,

자연 그대로의 세계가 아니다. 우리 인간들의 사유가 없다면 신도 없고 신화도 있을 수가 없다. 또한 우리 인간들의 사유가 없다면 원형극장도, 마천루도 없고, 도덕과 법률도, 그리고 음악도, 비행기도 있을 수가 없다. 사유는 인간의 존재 근거이고, 창조는 사유의 실천 근거이다. 이기철 시인은 『정오의 순례』에서, "시는 내 사유의 그릇이다(「시인의 말」)"라고 말하고 있는데, 그것은 사유하는 시인으로서 자기 자신에 대한 무한한 긍지와 자부심을 갖고 있다는 것을 뜻한다. 그는 오늘도 「15, 인간은 위대하다」, 「8, 인간은 천사보다 비천하지 않다」, 「14, 육체는 말한다」, 「21, 몸의 향연」, 「25, 지상의 인간」에서처럼, 그 사유의 힘으로 인간을 찬양하고, 또한 그 사유의 힘으로 "천 년"의 앞을 내다보면서,

> 그는 지구상에서 가장 흥미있는 동물이다
>
> 그는 솥을 만들어 밥을 짓고 빵틀을 만들어 빵을 굽는다
> 산을 깎아 밭을 일구고 늪을 메워 마을을 이룬다
> 바다에 배를 띄우고 하늘에 비행기를 날린다
> 그는 스스로를 사랑하면서 또한 남을 사랑한다

라는 「31, 공작工作 인간」에서처럼, '창조하는 인간'을 찬양하고, 다른 한편, 그의 이성중심주의의 정반대 방향에서,

이성理性이여

너의 명징과 예리함은 귀하나

너의 차가움으론 세상을 껴안을 수 없다

너의 밝음은 귀중하나

한 사람의 가슴 속에 사랑을 심을 수 없다

너의 형형炯炯으론 저 무한의 가능성, 저 순수의 덩어리,

새 세계의 주인인 아이를 낳을 수 없다

인간은 하루의 사반四半만이 이성으로 살고

나머지 시간은 감정으로 산다

아무도 휘파람새의 노래를 이성으로 듣지 않고

풀벌레 노래를 이지理智에 담지 않는다

누구도 내일을 만난 사람 없지만

아무도 내일의 있음을 부인할 수 없듯이

우리가 토론하고 추구하고 행간을 헤매는 이성적 시간 뒤에도

수저질하고 술잔을 들고 노래하고 사랑하는 감정의 시간이 기다린다

인간은 기원전 십 세기에도 일리어드를 썼고 기원 전 오 세기에도

시경을 엮었다
신라인들도 시를 썼고 페르샤인들도 루바이를 썼다
노래와 시들, 그것은 이성의 건반인 감정의 산물
사원과 교회에서 진실을 잃은 사람도
시장과 주점에서 진실을 발견한다

인간이여, 어느 불가시의 존재에게도 용서를 구해서는 안 된다
인간은 그 스스로가 거룩하다
때로 인간은 라마단과 절식으로 육체와 싸운다
그러나 드디어는 익힌 고기와 푸성귀와
쌀과 빵으로 돌아온다

육체는 말한다
육신이 정신보다 저속한 것이 아니라고
이성은 귀하지만
감정이 이성보다 통속한 것은 아니라고
모든 명징도 어둠 뒤에 온다고
모든 청정도 흙탕물을 씻은 뒤에 온다고
부토 위에 향기로운 꽃이 피듯
육체의 희원은
어둠 위에 밝음을 꽂고

묘망 위에 형형을 세우는 일이라고

라는 「14, 육체는 말한다」에서처럼, 정욕에 사로잡힌 인간의 육체와 그 감정을 찬양한다. 이기철의 『정오의 순례』는 '사유하는 인간', '창조하는 인간', 그리고 '놀이하는 인간'에 대한 아주 날카롭고 예리한 성찰과 그 노래로 짜여져 있다. 언제, 어느 때나 그 최종심급은 "사색하라/ 그대의 권능은 사색하는 일밖에 없다"(「6, 인간 조응」)라는 시구에서처럼, 사유하는 인간이지만, 그러나 그의 인문주의는 다른 생명들에 대한 수많은 살육과 무차별적인 생태환경의 파괴로 이어지지는 않는다. 예컨대 그는 "황금 깃이 자라는 새, 봉지 터지는 나뭇잎/ 말하는 돌, 알 품은 뜸부기, 물 위에 선 두루미/ 사막을 달리는 사자, 혼자 가는 무소"(「9, 목숨에 대한 경배」)라는 시구에서처럼, 모든 생명들에게 경의를 표하는 인문주의자이지, 오만불손한 인문주의자가 아니다. 이기철은 그 사유의 힘으로, 우리 인간들의 존재론적 근거와 그 삶의 방법과, 그리고 그 행복한 세계를 노래한다. 우리 인간들은 사유하는 인간이며, 창조하는 인간이고, 또, 그리고 놀이하는 인간이다. 이 세계는 사유의 산물이기도 하고, 노동의 산물이기도 하다. "그는 솥을 만들어 밥을 짓고/ 빵틀을 만들어 빵을 굽는다/ 산을 깎아 밭을 일구고 늪을 메워 마을을 이룬다". 또한 그는 "바다에 배를 띄우고 하늘에 비행기를 날린다/ 그는 스스로를 사랑하면서 또한 남을 사랑한다." 창조는 삶의 방법이며, 인간의 동체성 보존과 돈과 명예와 권력을 생산하는 유일한 삶의 방법이다. 우리 인간들은 창조하지 않으면 이 어렵고 힘든 세상을 살아갈 수가 없다. 일(창조)은 우리 인간들의 유일한 삶의 수단이며, 우리 인간들은 그 일을 통해서 불쾌를 피하고 쾌락을 추구하게 된다. 이때에 불쾌를 피하고 쾌락을 추구한다는 것은 최악의 상태를 피하고 최선의 상태, 즉 행복을 추구한다는 것을 뜻한다. 일의 궁극적인 목적은 행복이며, 행복이란 모든 것을 할 수도 있고, 아무 것도 하지 않을 수 있는 존재의 충일감을 말한다. 사유하는 인간의 궁극적 목적도 행복이며, 창조하는 인간의 궁극적 목적도 행복이며, 놀이하는 인간의 궁극적 목적도 행복이다. 사유는 인간의 자기 완성과 지상낙원에 대한 구상으로 이어지고, 창조는 그 구상의 구체적인 실천으로 이어지며(문명), 놀이는 그 아름답고 풍요로운 세계를 향유할 수 있는 삶의 양식(문화)으로 이어진다. 일은 생산의 아버지이며, 대지는 생산의 어머니이다. 일과 대지가 결합할 때, 나는 그들의 충실한 노예가 된다. 나는 이러한 주제 의식을 가지고 「일에 대하여」(『행복의 깊이 3』, 도서출판 애지, 2006년)를 쓴 바가 있지만, 그러나 그처럼 소중하고 중요한 일을 어떻게 하느냐에 따라서, 이 아름답고 풍요로운 세계와 우리 인간들의 행복이 결정된다고 하지 않을 수가 없다. 우리가 일 자체를 사랑하면 자연은 성당이 되고 우리 인간들의 삶의 터전이 되지만, 돈 자체를 사랑하면 일은 어쩔 수 없는 필요악이 되고 자연은 폐허가 된다.

이기철 시인은 "황금 깃이 자라는 새, 봉지 터지는 나뭇잎/ 말하는 돌, 알 품은 뜸부기, 물 위에 선 두루미/ 사막을 달리는 사자, 혼자 가는 무소/ 손짓하는 선인장, 회귀하는 연어"라는 「9, 목숨에 대한 경배」 이외에도 "인간은 인간을 위해서 살지만 결코 인간만이/ 유일한 생령이라 하지 않는다/ 좀벌레와 코끼리를, 난장이사슴과 긴 목 기린을/ 황조롱이와 앵무새를, 독수리와 뱁새를/ 이 지상의 식구로 숨쉬게 한다"라는 「26, 이름들」의 시를 생각해볼 때, 그는 일 자체를 사랑하고 있는 인간이지, 돈 자체를 사랑하고 있는 인간이 아니다. 그는 인간을 신보다도, 천사보다도 더욱 더 존경하는 신성모독자이기는 하지만, 그의 자연예찬과 뭇 생명들에 대한 사랑은 특별히 남 다른 데가 있다. 또한 그는 자연을 성당처럼 여기면서, "나에게는 난파의 바다를 품에 안는 어부/ 무한 광맥을 찾는 갱부/ 벌판 가운데 집을 짓는 목수가 위대하다"라는 「39, 예술가들」에서처럼, 그 어렵고 힘든 노동마저도 하나의 예술, 또는 하나의 놀이로써 즐기고 있는 것처럼도 보인다. 일을 하는 것은 창조하는 것이며, 창조하는 것은 새로운 '미지의 세계'(「22, 미지가 나를 이끈다」)를 찾아 나서는 것을 뜻한다. 따라서 창조하는 인간은 언제, 어느 때나 '인식의 혁명' 을 통하여 '변화와 운동' 을 사랑하게 된다. 이기철 시인이 '사색하라/ 그대의 권능은 사색하는 일 밖에 없다' 라고 역설할 때는 '이성의 광기' 에 사로잡힌 이성중심주의자로도 보일 수가 있겠지만, 「14, 육체는 말한다」에서는 그 '이성의 광기' 를 말끔히 씻어내고, 감정의 예찬자로 돌아오게 된다. 이성의 "명징함과 예리함" 은 귀하지만, 그러나 그 이성의 차가움으로는 이 세상을 껴안을 수가 없다. 인간은 "하루의 사반四半만이 이성으로 살고/ 나머지 시간은 감정으로 산다." 또 때로는, "인간은 라마단과 절식으로 육체와" 싸우지만, "그러나 드디어는 익힌 고기와 푸성귀와/ 쌀과 빵으로 돌아오게" 된다. 이성과 감정, 정신과 육체, 낮과 밤은 곧잘 이분법적인 대립 구도 속에서 이해될 수도 있겠지만, 그것은 동일한 얼굴의 또 다른 모습에 지나지 않는다. 이성이 없으면 감정도 없고, 감정이 없으면 이성도 없다. 정신이 없으면 육체도 없고 육체가 없으면 정신도 없다. 낮이 없으면 밤도 없고 밤이 없으면 낮도 없다. 그것들은 서로 서로 대립적이면서도 조화를 이루고, 그 '예정조화' 속에서, 우리는 "이성의 건반인" "감정" 의 울림을 통해서, 『일리어드』와 『시경』과 『루바이야트』를 쓰게 되었던 것이다.

창조하는 인간은 사유(회의)하는 인간이며, 그 역동적인 움직임 속에서 변화와 운동을 도모하는 인간이다. 이기철의 『정오의 순례』는 한국문학사 속에서 가장 뛰어난 '명상시집' 이긴 하지만, 그러나 그 '명상시집 '의 정적인 한계를 깨뜨려 버리고 새로운 미래의 인간을 위하여, 자기 자신의 불완전성과 이성의 한계를 보다 더 적극적으로 극복해나가기 시작한다. 시인이라는 이름의 인간 예찬자, 고귀하고 위대한 신의 아들이라기보다는 더욱 더 위험스러운 신성모독자, 그리하여, 끝끝내는 모든 성스러운 가치들의 전복을 꾀하고 있는 이기철 시인은 「23, 생각에 대한 의문」에서 다음과 같이 노래한다.

내 사유가 햇살을 만질 수 있는가
내 사유가 무지개를 끌고 올 수 있는가
사유는 고통인가 안식인가
생각은 꽃송이를 만지다가도 지폐를 만지고
보석의 길을 걷다가도 진흙 속에 발을 담근다
내 사유는 왜 질서보다 혼돈에 익숙한가
왜 청류보다 탁류를 그리워하는가
성찰은 내가 아무 것도 할 수 없다는 각성에 이르는 통로인가
나는 무엇을 반성해야 하는가
어제 마신 술, 어젯밤의 방탕, 술잔 속에 빠뜨린 언어의 구름장들
마음속에 숨겨두었던 혐오와 증오들

내가 의자에 앉아 하늘을 쳐다보고 있을 때
내 생각 속으로 갑자기 뛰어든 노루 한 마리, 까치 두 마리, 기린 늑대 코뿔소들
언젠가 내 사유의 질그릇은 깨어질 것이고
가슴의 둑은 무너질 것이다
나는 왜 천상보다 지상에, 신보다 인간에, 어른보다 아이에 가까이 가고 싶은가
서양보다 동양에, 유럽보다 아시아에 살고 싶은가
왜 선계보다 속계가 그리운가
푸른 하늘보다 검은 흙이 더 정다운가
말하라, 내 사유의 그릇이여
끝없이 출렁이는 생각의 물결이여

—「23, 생각에 대한 의문」 전문

이기철 시인은 「23, 생각에 대한 의문」에서 그 무엇보다도 사유의 명료성을 거부하고, 그리고 그 불명료성을 어느 누구보다도 적극적으로 옹호한다. 회의하고 비판하는 것이 시인의 첫 번째 임무이기는 하지만, 그러나 그것은 '사유하는 인간'에게 전적으로 '만물의 영장'이라는 지위를 부여했던 그로서는 전혀 뜻밖의 돌출발언처럼 생각되기도 한다. 하지만 그의 자기 자신에 대한 회의와 비판의 채찍은 불완전한 인간으로서 이성의 한계를 솔직하게 인정하고, 그 이성의 광기를

아주 깨끗하게 제거해나가고 있다는 것을 뜻한다. "내 사유가 햇살을 만질 수 있는가", "내 사유가 무지개를 끌고 올 수 있는가"라는 시구가 바로 그것이다. 그 의문문의 시구들은 솔직하게 그의 사유가 햇살을 만질 수도 없고, 무지개를 끌고 올 수도 없다는 것을 뜻한다. 따라서 그는 자기 자신과 이성의 한계를 인정하고, 그 한계 내에서 불완전한 인간의 삶을 긍정하게 된다. 나는 질서보다는 혼돈에 익숙한 인간이고, 나는 청류보다는 탁류를 그리워하는 인간이다. 또한 나는 꽃송이를 만지다가도 지폐를 만지는 인간이고, 나는 보석의 길을 걷다가도 진흙 속에 발을 담그는 인간이다. 우리 인간들의 인생이 마치, 풀어도 풀어도 풀리지 않는 수수께끼이듯이, 모든 선악을 알게 되면 그 주체자는 신적인 인간이 되겠지만, 그러나, 만일 그렇게 된다면, 우리 인간들의 삶은 끝장이 나게 될 것이다. 요컨대 우리 인간들이 우리 인간들의 삶을 긍정하고 찬양한다는 것은 선악을 넘어선 관점이며, 우리 인간들의 삶의 본능에 대한 옹호라고 할 수가 있다. 그는 무엇보다도 천상보다는 지상을 더 사랑하고, 신보다는 인간을 더 사랑한다. 또한 그는 어른보다는 아이를 더 사랑하고, 서양보다는 동양을 더 사랑하고, 선계보다는 속계를 더 사랑한다. 이 세상의 삶이 아름답고 찬란한 것은 선악이 겹쳐져 있고, 그 선악과의 싸움 속에서 우리 인간들의 새로운 탄생을 기대할 수밖에 없기 때문이다. 사유하는 인간은 창조하는 인간이며, 창조하는 인간은 놀이하는 인간이다. 이기철 시인은 배우면서 늙어가지 않고, 언제, 어느 때나 창조하면서 새롭게 태어난다. 그의 『정오의 순례』는 어느 시집보다도 가장 아름답고 뛰어난 '명상시집' 이며, 그리고 그 명상 자체가 명상 자체로서 가장 아름답고 역동적인 힘으로 살아 있는 시집이라고 할 수가 있다. 그는 언어를 감금시키는 문법 체계를 혐오하고(「3, 시집은 언어의 감옥」), 구체적 현실이 아닌 '추상의 세계' 를 혐오한다(「13, 추상의 이름」). 또한 그는 자유로운 인간의 삶을 억압하는 종교를 혐오하고, 사상의 이데올로기와 사회 제도들을 혐오한다(「16, 신과 인간」, 「37, 이념이라는 추상」, 「38, 주의主義에 대하여」 등). 이기철 시인은 변화와 운동을 죄악시하는 모든 사회적 제도들에 반대를 하고, 하늘 나라의 천국이나 이상세계가 아닌 이 땅에 두 발을 튼튼히 내린 '정오의 순례자', 즉, 고귀하고 위대한 '인간의 상' 을 창출해내고자 했던 것이다. 그 고귀하고 위대한 인간은,

열사熱砂의 땅을 짚신 몇 켤레로 걸어간 사람 우리 앞에 있다
저 얼음의 대지를 홑옷으로 건넌 사람 우리 앞에 있다
히말라야를, 에베레스트를, 안나푸르나를, 마추비추를
맨몸으로 오른 사람 우리 앞에 있다

구도를 위해서, 극기를 위해서
인간의 불멸하는 승리를 위해서

누가 인간을 폄훼하는가
인간은 인간을 위해서 살지만 결코 인간만이
유일한 생령이라 하지 않는다
좀벌레와 코끼리를, 난장이사슴과 긴 목 기린을
황조롱이와 앵무새를, 독수리와 뱁새를
이 지상의 식구로 숨쉬게 한다

내가 예찬하고 싶은 것은 인간의 힘
쓰러져서도 일어서는 극기의 힘이다
가시 뒤에 숨어서 피는 꽃과 같이
어둠 속에서 분출하는 용암과 같이

라는 「26, 이름들」에서처럼, "열사의 땅을 짚신 몇 켤레로 걸아간 사람"이며, "저 얼음의 대지를 홑옷으로 건너간 사람"이다. 또한 그는 "히말라야를, 에베레스트를", "안나푸르나를, 마추비추를" 맨 몸으로 등정한 사람이다. 고귀하고 위대한 인간은 사소한 이익 앞에 눈이 멀거나 자기 자신의 행복을 위하여 타인의 행복을 짓밟아 버리는 사람이 아니다. 고귀하고 위대한 인간은 부분적인 진실에 함몰되어서 전체의 이익을 훼손시키거나, 사소한 동정심과 이타심 때문에 자기 자신의 분명한 목표를 망각하는 인간이 아니다. 그는 모세가 노예계급으로 전락한 이스라엘 백성들을 구출해내고, 잔 다르크가 그 나약한 소녀의 몸으로 프랑스인들을 구출해냈듯이, 개인의 건강보다는 인류의 건강을, 개인의 행복보다는 인류의 행복을 연출해낼 수 있는 문화적 영웅이기도 한 것이다. 고귀하고 위대한 인간의 근본적인 신조는 "내가 예찬하고 싶은 것은 인간의 힘/ 쓰러져서도 일어서는 극기의 힘"이라는 시구에서처럼, '가난하고 고통스러웠고 불행했기 때문에, 그만큼 풍요롭고 기뻤고 행복했다'라는 말로 설명이 될 수가 있을 것이다. 왜냐하면 가난한 자는 풍요로운 생활을, 고통스러운 자는 즐겁고 기쁜 내일을, 불행한 자는 행복한 미래를 꿈꾸며, 자기 자신의 가난함과 고통스러움과 불행한 현실을 즐겁고 기쁘게 극복해나가고 있기 때문이다. 가난도 그의 삶의 원동력이고, 고통도 그의 삶의 원동력이며, 불행도 그의 삶의 원동력이다. "열사의 땅을 짚신 몇 켤레로 걸어간 사람"이나 "저 얼음의 대지를 홑옷으로 건너간 사람"은 고귀하고 위대한 문화적 영웅의 전범들이며, 부처와 예수, 또는 모세나 잔 다르크와도 같은 문화적 영웅들이라고 해도 과언이 아니다. 이기철 시인은 그의 「5, 정오의 순례」를 통하여,

정오는 아직 갈 길이 많이 남은 여행
출렁이는 파도, 흐르는 물, 부는 바람
정오가 아니면 아무도 꽃을 들판에, 첨탑을 도시에, 애드벌룬을 고공에, 은익銀翼을
하늘에 날릴 수 없다
밤이 매장해 버린 청자만홍들, 밤에 묻혀버린 새와 순한 짐승들
밤이 묻어버린 지상의 섬세들, 인간의 묘각妙刻들, 거리와 간판들, 빛나는 상품들
어둠이 삼켜버린 지상의 사물들을 제 자리에 정연히 들어서게 하는
정오의 정중하고 우아한 힘

(……)

정오의 순례자여
그대는 아침의 신선한 얼굴, 오전의 무구로 우리를 유혹한다
그리하여 우리는 정오의 예찬자
크고 밝고 투명한 정오의 숭배자로 지상에 남아 노래한다
이 땅의 경작자인 우리는

—「5, 정오의 순례」 부분

이라는 시구에서처럼, 그 무엇보다도 변화와 운동을 죄악시하는 기독교의 사변철학에 반대를 하고, 하늘 나라의 천국이나 이상 세계가 아닌, 이 땅에 두 발을 튼튼히 내린 '정오의 순례자'를 고귀하고 위대한 인간의 초상으로 제시하고자 했던 것이다. 어쨌든 그는 영원한 것, 고정불변의 것, 인습적인 것에 대한 노골적인 적의를 드러내고, 은빛 날개를 날릴 수 있는 정오의 시간을 그 무엇보다도 중요시하게 된다. '정오의 시간'은 "밴다 익는다 넘친다/ 낳는다 큰다 자란다/ 일렁인다 뿜는다 솟구친다(「4, 해의 노래」)"라는 생성의 시간이며, "아직 갈 길이 많이 남아" 있는 청년의 시간이다. 그는 명상을 통해서 늙어가지 않고, 그 명상을 통해서 언제, 어느 때나 새로운 인간(청년)으로 다시 태어나게 된다. 사르트르의 말대로, 비존재가 존재를 지배하고, 미래가 현재를 지배하는 역도인과성의 세계, 그 세계가 바로 우리 인간들의 지상낙원인 것이다. 인간은 미래의 인간이지, 고정불변의 존재가 아니다. 이제 이기철 시인은 삶의 공포와 죽음의 공포를 다같이 극복하고—"청년이여, 세월이 그대를 노년으로 데리고 간다고 두려워하지 말라/ 노년만큼 저물어 아름다운 것도 없으니, 세월의 치차소리를 들을 수 있는 것은 노년 뿐"(「7, 인간은 행복할 권리가 있다」)이라는 시구가 그것이다—, 이 아름다운 세계를 즐겁고 기쁘게 향유하게 된다. 사유하는 인간은 창조하는 인간이며, 창조하는 인간은 놀이하는 인간이다. 이 아름답고 풍요로운 세계는 이기철 시인이 창조해낸 세계이지, 자연 그대로의 세계가 아니다. 자기 자신의 사유와 그 뜻대로 창조해낸 시의 신전—『정오의 순례』, 자기 자신이 그 신전의 주인공이 되고, 어느 것 하나 부족한 것이 없고, 그 모든 것이 가능한 『정오의 순례』—, 이기철 시인은 그 시의 신전에서, 예컨대

나는 우파니샤드를 불태워버렸다
지금은 누대에 앉아 명상할 시간이 아니다
인생이란 무엇이냐고 자문自問할 시간이 아니다
저 가난뱅이들 배고픈 자들 병든 자들을 이끌고
태양이 비치는 대지로 나가야할 시간
저 문맹들 아편장이들 상심자傷心者들 금치산자들을 부둥켜안고
풍윤한 대지로 나가야할 시간

정오는 목숨의 시간이다
모든 어둠을 걷어내고 태양은 불타오른다
백상아리가 마시고도 남은 바다
사자 발톱에 할퀴고도 굳건한 대지
쓰나미가 지나가고도 영위되는 인간의 삶

내 몸은 지상에 있고 영혼은 우주를 유영한다
정오의 현란한 빛이 내 사색의 양식이 될 때
나의 순례는 천의 사닥다리를 놓아 천상과 지상을 잇는
교량이 된다
일광의 폭포가 지상으로 쏟아질 때
나의 순례는 영원과 순간을 보석처럼 만진다

정오는 산 것들의 대신 이름
인간의 삶의 대명사
무엇이 너의 광휘와 염열을 대신할 수 있는가
그렇다, 태양이다
태양만이 정오를 있게 한다
인간의 기쁨과 슬픔을 엮어
마침내 삶의 비단을 직조하는 정오
정오만이 목숨들을 있게 한다

살아 있는 것보다 더 아름다운 양식은 지상에 없다
—「4, 해의 노래」 전문

라는 「4, 해의 노래」에서처럼, "저 가난뱅이들, 배 고픈 자들, 병든 자들/ (……)/ 저 문맹들, 아편장이들, 상심자들, 금치산자들을" 다 이끌고, "인간의 기쁨과 슬픔을 엮어/ 마침내 삶의 비단을 직조하는 정오"의 시간을, 마치 고문받는 순교자의 황홀한 환상처럼, 즐겁고 기쁘게 향유하고 있는 것이다.

인간의 사유와 노동은 문명을 창조하는 이성의 시간 속에서 이루어지지만, 이 세상의 삶을 향유할 수 있는 문화는 감정의 시간 속에서 이루어진다고 할 수가 있다. 물론, 사유의 기쁨과 노동의 기쁨도 있고, 이성과 감정이 서로 서로 혼융되어 있기는 하지만, 문화인은 문명인의 피와 땀과 눈물의 아픔을 씻어주고, 또한, 하늘을 찌를 듯한 환희에의 기쁨과 그 황홀한 시간을 가져다가 주기도 한다. 대낮 뒤에는 밤이 있어야 하고, 노동 뒤에는 휴식이 있어야 한다. 이성 뒤에는 감정이 있어야 하고, 문명 뒤에는 문화가 있어야 한다. 문화란 이 세상의 삶을 향유할 수 있는 놀이이며, 모든 학문, 예술, 정치, 경제, 사회 등—, 그 어느 것 하나, 그 놀이문화의 성격에서 자유로운 것은 하나도 없다. 우리 인간들은 '놀이문화'를 위하여 사유하고 창조하고 있는 것이며, 그 놀이문화를 통해서만이 즐겁고 기쁜 삶, 즉, 시간이 정지되고 공간이 무한대로 확대되는 행복한 삶을 향유할 수가 있는 것이다. 문화인은 세련되고 우아한 말솜씨 속에서 저 원시 야만인들의 감정의 열렬한 폭발을 지워버리고, 아름답고 화려한 옷을 통하여 저 원시 야만인들의 혐오스러운 표정을 지워버리고, 그리고, 또, 그 어렵고 힘든 육체노동을 거절함으로써 더욱 더 행복한 삶을 영위할 수가 있게 되었던 것이다. 문자를 만들고, 배를 만들고, 비행기를 만들고, 고문받는 순교자의 기쁨을 안출해낸 것은 이처럼 우연의 일이 아닌 것이다. 언제, 어느 때나 평화롭고 즐거운 생활, 고통에 고통을 더욱 더 가중시켜나가면서도 그 모든 장애물들을 돌파해나갈 수 있는 기쁨—. 이기철 시인은 이 세상에서 가장 행복한 시인이며, 내가 나의 어법대로 말해본다면, 그 시의 신전의 주인공이다. 그는 낙천주의자이며, '시를 쓰지 않으면서도 시를 살아간다.'

내 영혼의 거처는
난타하는 바다
봉지 터지는 붉은 꽃잎사귀
열사熱砂의 사막, 신기루를 끌고 오는 햇빛
불타는 태양의 사랑채

맨 처음 손가락이 닿는 건반
그 손이 최초로 그린 그림
이기고 돌아온 병사의 깃발
시인이 토해낸 첫 마디 문장

영혼이여

정으로 찍어도 갈라지지 않은 바위의 언어로 말하라
익은 이삭을 안고 와 들판에게 나누어주는 여름의 입으로 말하라
저기 산봉우리를 휘어 넘는 태풍의 난타
태양 아래 벗은 육체가 더 당당한
거목의 육성으로 말하라

그때 나는 시를 쓰지 않고 시를 산(生)다
그때 나는 노래를 듣지 않고 노래를 밴다
공중에 분사하는 거미알처럼
잉태한 지 십 년이어도 낳지 못한 내 시의 언어를
끓는 태양의 자궁으로 낳게 하라
비로소 천 년 잠든 수정의 언어를 잠깨워라

어느 햇빛이 밀 이삭을 익히느냐
어느 광맥이 순금을 보듬느냐
비둘기가 물어다 놓은 하늘의 악보를 보며
노래하는 시인이여
나는 비로소 출정의 환호를 듣는다

표적을 향해 달리는 사자는 뒤돌아보지 않는다
내 영혼의 거처에는

희망들이 잡수시는 식사소리 들린다
벽돌에 피 도는 소리 들린다

내 영혼은 비로소 안도한다

—「2, 영혼의 거처」 전문

이기철 시인의 인문주의는 사유하는 인간, 창조하는 인간, 놀이하는 인간의 삼원일치의 세계이며, 그 세계에 대한 깊이 있는 성찰과 사유를 통하여 한국시문학사상 가장 아름다운 명상시집인 『정오의 순례』를 출간하게 되었다. 인문주의란 인간의 자기 완성과 아름답고 행복한 공동체 사회를 추구하는 사상이기는 하지만, 또한 그만큼 상호모순적이며 이율배반적인 사상이라고 하지 않을 수가 없다. 이기철 시인 역시도 장 자크 루소처럼, 자유로운 개인주의에 함몰되어, 사회주의에 대한 깊은 성찰을 등한시하고 있다고 하지 않을 수가 없다. 분명한 역사 철학적인 고향이 있고, 아직도 여전히 유효한 사상과 이념들, 또, 그리고, 이 모든 사회의 제도들에 대한 지나친 혐오는 그의 인문주의의 약점이기는 하지만, 그러나 그렇다고 해서 그의 명상시집인 『정오의 순례』의 시적 성과를 함부로 폄하해서는 아니 된다. 왜냐하면 모든 사상과 이념들이 모순의 소산이듯이, 우리 인간들 역시도 그 모순의 존재에 지나지 않고 있기 때문이다. 랭보식으로 말해본다면,

이 세상에 험 없는 영혼이 어디에 있겠는가? "내 영혼의 거처는/ 난타하는 바다"라고 단언하면서도, "정으로 찍어도 갈라지지 않은 바위의 언어"와 "태양 아래 벗은 육체가 더 당당한/ 거목의 육성"으로 살아가고 있는 시인이 어떻게 새로운 미래의 인간이 아니라고 할 수가 있겠으며, 또한 어떻게 즐겁고 행복한 인간이 아니라고 할 수가 있겠는가! 이기철 시인은 노년을 모르는 시인이며, 자기 자신의 '영혼의 거처'에서 언제, 어느 때나 새롭게 태어나는 미래의 인간이기도 하다. 사유하는 인간은 창조하는 인간이며, 창조하는 인간은 놀이하는 인간이다. 쓰디 쓴 눈물 속에도 쾌락이 들어 있고, 손마디가 쩍쩍 갈라지는 고통 속에도 쾌락이 들어 있다. 놀이문화는 이러한 낙천주의의 소산이며, 이러한 놀이문화를 향유하지 못한다면, 그는 결코 행복한 삶을 살아갈 수가 없게 된다. 이기철 시인은 사유하는 인간, 창조하는 인간, 놀이하는 인간에 대한 삼원일치의 세계를 통해 시와 삶이 일치하는 세계를 꿈꾸고, 그리고, 끝끝내는 자기 자신이 고귀하고 아름다운 예술품 자체가 되어가고 있다고 해도 틀린 말이 아니다.